本書係「敦煌文獻系統性保護整理出版工程」項目成果

二〇二一—二〇三五年國家古籍工作規劃重點出版項目

「十四五」國家重點出版物出版規劃項目

國家古籍整理出版專項經費資助項目

中國國家圖書館藏敦煌文獻

中國國家圖書館 編

第一五册

BD00190～BD00202

國家圖書館出版社

DUNHUANG MANUSCRIPTS IN THE NATIONAL LIBRARY OF CHINA

015

BD00190 ~ BD00202

compiled by the

National Library of China

National Library of China Publishing House

顧問　方廣錩　郝春文　榮新江　李際寧

編纂出版　張志清　魏崇　陳紅彦　殷夢霞　薩仁高娃
謝冬榮　劉波　林世田　廖生訓

編纂　林世田　薩仁高娃　常蓋心　于瑞　劉毅超
劉波　劉炳梅　周升川　劉婷　程佳羽
沈艷麗　高雅

編輯　潘竹　程魯潔　黄鑫　苗文葉

審稿　孫彦　耿素麗　宋志英　鄧咏秋

凡例

一　本書刊布中國國家圖書館藏敦煌文獻，以館藏編號爲序編排。

二　館藏編號采用「BD+流水號」格式，如BD00001，BD16579等。背面在編號後加v表示。一個編號包含多件文獻者，編號後分別綴以字母A，B，C等。一件文獻含有多個内容者，以數字-1，-2，-3等標明順序。

三　圖版有縮印或放大處另加説明，尺寸超出本書幅面的以摺葉形式呈現。

四　卷軸裝、梵夾裝、經摺裝等裝幀形制的敦煌文獻，各附外觀圖像。

五　每件文獻依次呈現外觀、正面、背面等。背面僅刊布有文字、圖像或其他要素的圖版，而略去素紙部分，背面圖版同樣以從右到左順序編排。凡有外題者，遵從以上原則。

六　除個别特殊情况外，爲保證閲讀連貫、流暢，圖版儘量通欄呈現。

七　各葉上方附該件文獻全圖，以高亮形式顯示本葉大圖在全卷中的位置。部分長卷文獻全圖衹能分多段呈現時，在上段末以<符標示下段接續。卷尾内容不足一葉時，文獻全圖使用該圖卷尾部分，亦以<符標示。背面圖版文字與正面文字方向相反時，文獻全圖按原貌顯示，正文翻轉呈現，以便閲讀研究，用◎符標示。

八　文獻題名大體沿用中國國家圖書館此前所編多部敦煌文獻目録的考證，部分吸收學界最新研究成果略作調整和完善。文獻題名綜合參考原卷首題、尾題、外題確定，如原卷題名與該文獻正式名稱不同，則采用正式名稱；無題名者，或比定題名，或擬定新名。非漢文文獻在題名前標注語種。有分卷不同等其他情况者，括注於文獻名稱後。

九　本書著録使用通行繁體字，涉及原文中的人名、地名等，必要時保留原字形。

About this publication

1. The documents are presented in shelfmark order.
2. The shelfmarks are in the form BD plus a running number, eg. BD00001, BD16579, &c. If a given shelfmark contains multiple documents, these are distinguished by the letters A, B, C, &c. If a document has multiple contents, they are distinguished by the numbering 1, 2, 3, &c. The verso side of an item is indicated by the letter v.
3. If it has been necessary to reduce or enlarge the size of an illustration, the dimensions are indicated. If the size of an illustration exceeds the size of the book, a folding sheet is used.
4. If the document is a scroll, a folded sutra, or has a stitched binding, a picture of the whole object is provided to show its external appearance.
5. The cover, front, and back of each document are reproduced in sequence. The back of a document is only reproduced if it contains text, illustrations, or other markings, and it is oriented from right to left. If it is blank it is not reproduced.
6. Except in a few special cases, the lines of text are reproduced unbroken to make them coherent and easier to read.
7. An illustration of the complete document is reproduced at the top of each page, and the section where the main illustration appears is highlighted in order to indicate its position. If it has only been possible to reproduce a long scroll in sections, the direction symbol has been used to indicate where one illustration ends and the next one begins. If the end of the scroll occupies less than one page, the direction symbol is used to indicate its position in the illustration of the complete document. If the text on the back of the document has a different orientation from the text on the front, it is reproduced as it is, but is also rotated (indicated with the rotation symbol) so that it can be read easily.
8. The titles of the documents generally conform with those already established by the Library, but in some cases have been amended by drawing on the most recent scholarly research. The titles are derived firstly from the beginning of the text, then from the end of the text, and lastly from the cover. If the title of a document differs from its authoritative form, the authoritative form is used; and if a document has no title, one is either supplied by comparison with similar documents, or a new one is devised. If the document is not in Chinese, its language is indicated before the title. If the number of juan is different from that of the authoritative version, or if there are other irregularities, this is noted.
9. The documents in the book are in traditional Chinese characters. Where the title contains personal or place names, the original characters used for these names are retained.

(Translated by David Helliwell)

第一五册目録

BD00190 金剛般若波羅蜜經

（後秦）鳩摩羅什 譯

217.1cm × 26cm

所於然燈佛所无有法得阿耨多
提佛言如是如是須菩提實无
阿耨多羅三藐三菩提須菩提
法如來得阿耨多羅三藐三菩提者然燈
不與我受記汝於來世當得作佛号釋
迦牟尼以實无有法得阿耨多羅三藐三菩
提是故然燈佛與我受記作是言汝於來世
當得作佛号釋迦牟尼何以故如來者即諸
法如義若有人言如來得阿耨多羅三藐三
菩提須菩提實无有法佛得阿耨多羅三藐
三菩提須菩提如來所得阿耨多羅三藐三
菩提於是中无實无虛是故如來説一切法
是佛法須菩提所言一切法者即非一切

法是故名一切法
須菩提譬如人身長大須菩提言世尊如來
說人身長大則為非大身是名大身
須菩提菩薩亦如是若作是言我當滅度无
量衆生則不名菩薩何以故須菩提實无有
法名為菩薩是故佛說一切法无我无人无
衆生无壽者須菩提若菩薩作是言我當莊
嚴佛土是不名菩薩何以故如來說莊嚴佛
土者即非莊嚴是名莊嚴須菩提若菩薩
通達无我法者如來說名真是菩薩
須菩提於意云何如來有肉眼不如是世尊
如來有肉眼須菩提於意云何如來有天眼
不如是世尊如來有天眼須菩提於意云何
如來有慧眼不如是世尊如來有慧眼須菩

不如是世尊如来有天眼須菩提於意云何
如来有慧眼不如是世尊如来有慧眼須菩
提於意云何如来有法眼不如是世尊如来
有法眼須菩提於意云何如来有佛眼不如
是世尊如来有佛眼須菩提於意云何如恒
河中所有沙佛說是沙不如是世尊如来說是
沙須菩提於意云何如一恒河中所有沙有
如是等恒河是諸恒河所有沙數佛世界如
是寧為多不甚多世尊佛告須菩提尒所國
土中所有衆生若干種心如来悉知何以故如
来說諸心皆為非心是名為心所以者何須
菩提過去心不可得現在心不可得未来心
不可得須菩提於意云何若有人满三千

福多不如是世尊此人以是因緣得福甚多
須菩提若福德有實如來不說得福德多以
福德无故如來說得福德多
須菩提於意云何佛可以具足色身見不不
也世尊如來不應以具足色身見何以故如來
說具足色身即非具足色身是名具足色
身須菩提於意云何如來可以具足諸相見
不不也世尊如來不應以具足諸相見何以
故如來說諸相具足即非具足是名諸相具
足須菩提汝勿謂如來作是念我當有所說
法莫作是念何以故若人言如來有所說法
即為謗佛不能解我所說故須菩提說法者
无法可說是名說法
須菩提白佛言世尊佛得阿耨多羅三藐三

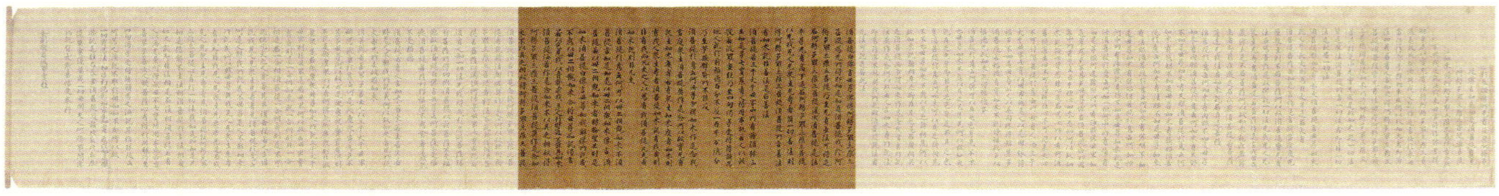

須菩提白佛言世尊佛得阿耨多羅三藐三
菩提為无所得耶如是如是須菩提我於阿
耨多羅三藐三菩提乃至无有少法可得是
名阿耨多羅三藐三菩提復次須菩提是法
平等无有高下是名阿耨多羅三藐三菩提
以无我无人无衆生无壽者脩一切善法則
得阿耨多羅三藐三菩提須菩提所言善法
者如來說非善法是名善法
須菩提若三千大千世界中所有諸須弥山
王如是等七寶聚有人持用布施若人以此
般若波羅蜜經乃至四句偈等受持讀誦為
他人說於前福德百分不及一百千万億分
乃至筭數譬喻所不能及
須菩提於意云何汝等勿謂如來作是念我

當度衆生須菩提莫作是念何以故實無有
衆生如來度者若有衆生如來度者如來則
有我人衆生壽者須菩提如來說有我者則
非有我而凡夫之人以為有我須菩提凡夫者
如來說則非凡夫
須菩提於意云何可以卅二相觀如來不須
菩提言如是如是以卅二相觀如來佛言須
菩提若以卅二相觀如來者轉輪聖王則是
如來須菩提白佛言世尊如我解佛所說義
不應以卅二相觀如來尒時世尊而說偈言
若以色見我 以音聲求我 是人行耶道 不能見如來
須菩提汝若作是念如來不以具足相故得
阿耨多羅三藐三菩提須菩提莫作是念如
來不以具足相故得阿耨多羅三藐三菩提

来不以具足相故得阿耨多羅三藐三菩提
須菩提汝若作是念發阿耨多羅三藐三菩
提者說諸法斷滅莫作是念何以故發阿耨
多羅三藐三菩提者於法不說斷滅相須菩
提若菩薩以滿恒河沙等世界七寶布施若
復有人知一切法无我得成於忍此菩薩勝
前菩薩所得功德須菩提以諸菩薩不受福
德故須菩提白佛言世尊云何菩薩不受福
德須菩提菩薩所作福德不應貪著是故說
不受福德
須菩提若有人言如来若来若去若坐若
卧是人不解我所說義何以故如来者无所從
来亦无所去故名如来

碎為微塵於意云何是微塵眾寧為多不
甚多世尊何以故若是微塵眾實有者佛則
不說是微塵眾所以者何佛說微塵眾則非微
塵眾是名微塵眾世尊如來所說三千大千
世界則非世界是名世界何以故若世界實
有者則是一合相如來說一合相則非一合
相是名一合相須菩提一合相者則是不可
說但凡夫之人貪著其事須菩提若人言佛
說我見人見眾生見壽者見須菩提於意云
何是人解我所說義不世尊是人不解如來
所說義何以故世尊說我見人見眾生見壽
者見即非我見人見眾生見壽者見是名我
見人見眾生見壽者見須菩提發阿耨多羅
三藐三菩提心者於一切法應如是知如是見

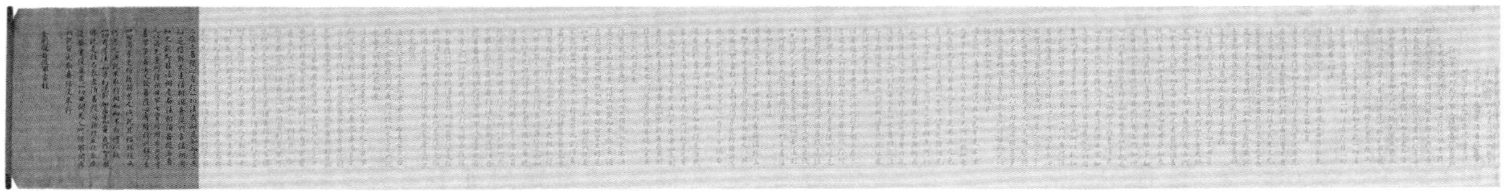

三藐三菩提心者於一切法應如是知如是見
如是信解不生法相須菩提所言法相者
如來說即非法相是名法相須菩提若有
人以滿无量阿僧祇世界七寶持用布施若有
善男子善女人發菩薩心者持於此經乃至
四句偈等受持讀誦為人演說其福勝彼云
何為人演說不取於相如如不動何以故
一切有為法 如夢幻泡影 如露亦如電 應作如是觀
佛說是經已長老須菩提及諸比丘比丘尼
優婆塞優婆夷一切世間天人阿脩羅聞佛
所說皆大歡喜信受奉行

金剛般若波羅蜜經

BD00191　佛名經（十六卷本）卷六

BD00191v-1　勘記

BD00191v-2　佛名經（十六卷本）卷六外題

1349.6cm × 24.5cm

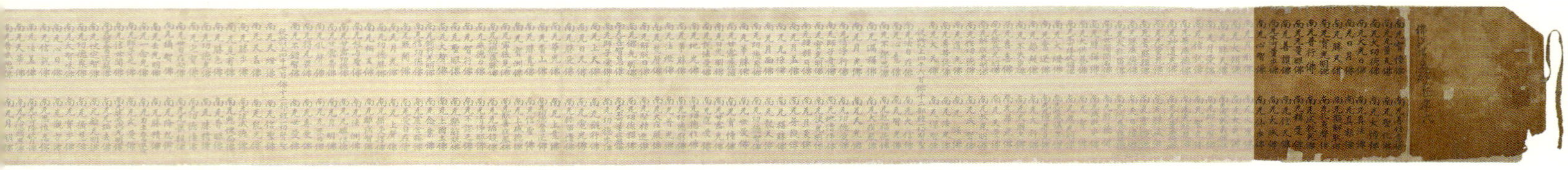

佛說佛名經卷第六

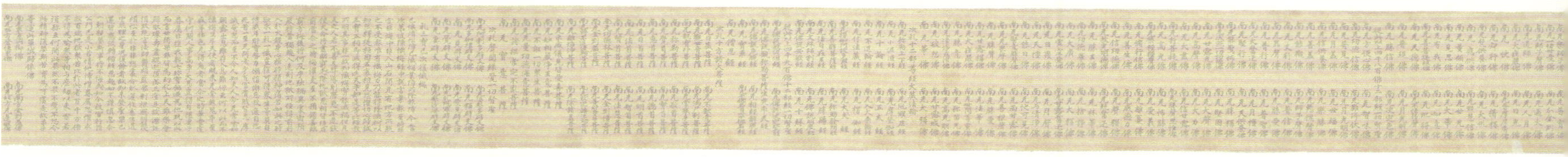

南无寶幢佛
南无无量天佛
南无大功德佛
南无大光日佛
南无日月佛
南无勝天佛
南无寶光明佛
南无普行佛
南无无量眼佛
南无善護佛
南无不可量步佛
南无心智佛

南无善住意佛
南无聖化佛
南无大幢佛
南无真法佛
南无真報佛
南无觀解脫佛
南无孔雀聲佛
南无成就光佛
南无稱愛佛
南无信天佛
南无大成佛
南无仙步佛

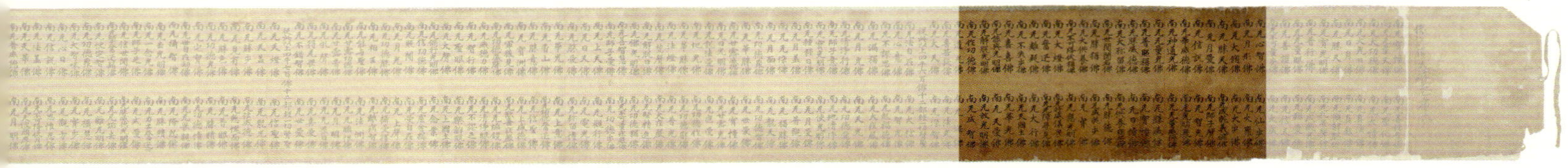

南无心智佛
南无月形佛
南无大脩佛
南无勝天佛
南无月愛佛
南无信説佛
南无華威德佛
南无神通光佛
南无无量光佛
南无普照稱佛
南无勝威德佛
南无大弥留佛

南无仙步佛
南无火聚佛
南无大步佛
南无成就義脩佛
南无師子聲佛
南无智光佛
南无光明聚佛
南无无量威德佛
南无勝藏佛
南无寶幢佛
南无日幢佛
南无共養王最佛

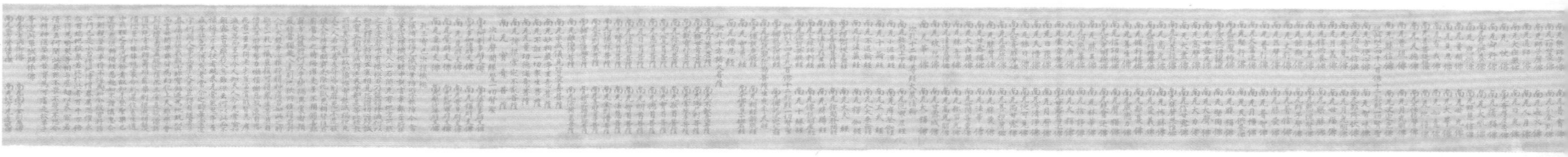

南无世間□名佛
南无勝稱佛
南无大供養佛
南无不可降伏稱佛
南无大燈佛
南无奮迅佛
南无離疑佛
南无不失步佛
南无喜喜佛
南无能與光明佛
南无解脫光明佛
南无作功德佛
南无道光佛

南无勝德佛
南无成就步佛
南无寶佛
南无應光明佛
南无行威儀畏佛
南无无障导見佛
南无大行佛
南无天國土佛
南无華光佛
南无天愛佛
南无放光明佛
南无成智佛
南无□□佛

BD00191　佛名經（十六卷本）卷六

南无作切德佛　南无成智佛
南无道光佛　南无海佛
南无善菩提佛　南无法光佛
南无大天佛　南无深智佛
從此以上四千六百佛十二部經一切賢聖
南无法自在佛　南无大信佛
南无心意佛　南无智光佛
南无不謀思佛　南无起福德佛
南无漏稱佛　南无大莊嚴佛
南无月光佛　南无天光佛
南无清淨行佛　南无切德愛佛
南无師子意佛　南无世清淨佛

南无寶光明佛
南无種種日佛
南无月蓋佛
南无无染佛
南无月面佛
南无功德聚佛
南无華勝佛
南无甘露威德佛
南无日光明佛
南无說法愛佛
南无地光佛
南无華勝佛
南无法登佛

南无住光明佛
南无月愛佛
南无普觀佛
南无稱勝佛
南无龍天佛
南无功德智佛
南无世愛佛
南无寶幢佛
南无甘露光佛
南无應愛佛
南无功德作佛
南无功德辟佛
南无普光佛

南无華勝佛　南无功德辟佛
南无法燈佛　南无普光佛
南无梵聲佛　南无大莊嚴佛
南无解脫日佛　南无堅精進佛
南无佛光明佛　南无功德稱佛
南无善智慧佛　南无不可量莊嚴佛
南无師子愛佛　南无功德步佛
南无上天佛　南无觀行佛
南无日天佛　南无電光佛
南无勝愛佛　南无弥留幢佛
南无華光佛　南无上意佛
南无香山佛　南无功德奮迅佛

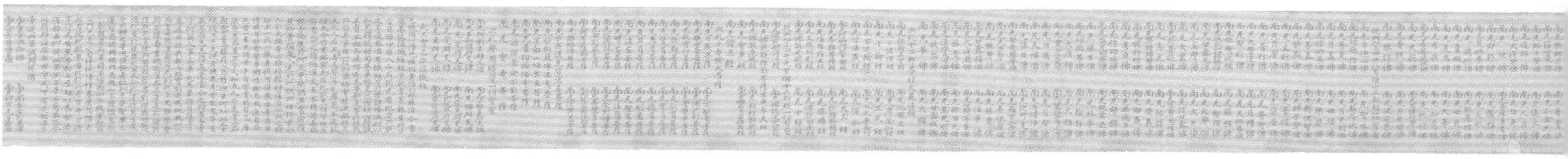

南无[illegible][illegible]佛　南无[illegible][illegible]佛
南无寶洲佛　南无上威德佛
南无最後見佛　南无歡喜莊嚴佛
南无功德藏勝佛　南无无垢鏡佛
南无威德力佛　南无清淨眼佛
南无智行佛　南无不謬足佛
南无聖眼佛　南无樂解脫佛
南无大聲佛　南无上國土佛
南无脩行光明佛　南无念業佛
南无信功德佛　南无盧舍稱佛
南无照闇佛　南无愛自在佛
南无月光佛　南无上聲佛
南无功德集佛　南无攝受羣佛

南无□□佛　南无□□□佛
南无月光佛　南无上聲佛
南无功德勝佛　南无攝受擇佛
南无相王佛　南无離病智佛
南无能与聖佛　南无法洲佛
南无甘露功德佛　南无无瞋恨佛
南无甘露香佛　南无月明佛
南无吼聲佛　南无无畏日佛
南无得无畏佛　南无喜愛佛
南无不錯智佛　南无世愛佛
從此以上四千七百佛十二部經一切賢聖
南无天燈佛　南无信聖佛
南无天盡佛　南无龍光佛

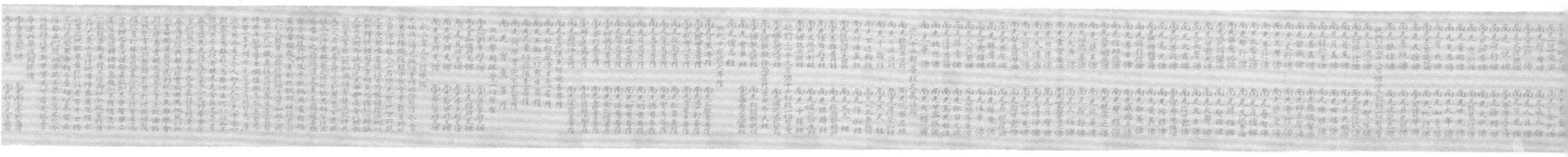

南无勝[illegible]佛
南无[illegible]德佛
南无見有佛
南无慚愧面佛
南无勝色佛
南无普眼佛
南无功德光佛
南无勝積佛
南无定寶佛
南无功德幢佛
南无世自在劫佛
南无无畏親佛
南无攝智佛
南无降怨佛
南无去光明佛
南无勝積佛
南无一念光佛
南无力士奮迅佛
南无師子足佛
南无式愛佛
南无信世間佛
南无勝威德光明佛
南无學奮迅髻佛
南无无垢去佛
南无[illegible]定智佛
南无[illegible]月佛

南无作世間佛
南无學奮迅鬚佛
南无快定智佛
南无功德聚佛
南无大智味佛
南无心日佛
南无信說佛
南无法蓋佛
南无天華佛
南无普威德佛
南无功德莊嚴佛
南无稱思惟佛
南无淨行佛

南无勝威德光明佛
南无无垢去佛
南无離无明佛
南无攝慧佛
南无寶步佛
南无觀方佛
南无思惟忍佛
南无不可降伏月佛
南无天波頭摩佛
南无月明佛
南无相王佛
南无樹幢佛
南无威德步佛

南无信殊佛
南无智者讚歎佛
南无智鎧佛
南无勝威德佛
南无勝信佛
南无離諸佛
南无大高佛
南无黠慧信佛
南无妙聲佛
南无樂師子佛
南无一切世愛佛
南无師子聲佛
南无道師佛

南无善[illegible]佛
南无智慧光明佛
南无威德力佛
南无佛歡喜佛
南无一切愛佛
南无思義佛
南无聖人面佛
南无攝菩提佛
南无大成德佛
南无普寶佛
南无分金剛佛
南无過火佛
南无大月佛

南无一切世界佛
南无師子聲佛
南无道師佛
南无大莊嚴佛
南无快佛
南无寂行佛
南无梵供養佛
南无應供佛
南无量願佛
南无見忍佛
南无有我佛
南无善菩提根佛
南无天德佛

南无[illegible]金[illegible]佛
南无過火佛
南无人月佛
南无日光佛
南无普摩尼香佛
南无攝稱佛
南无大吼佛
南无黠慧信佛
南无世光佛
南无大華佛
南无如意佛
南无地得佛
南无不去得聲佛

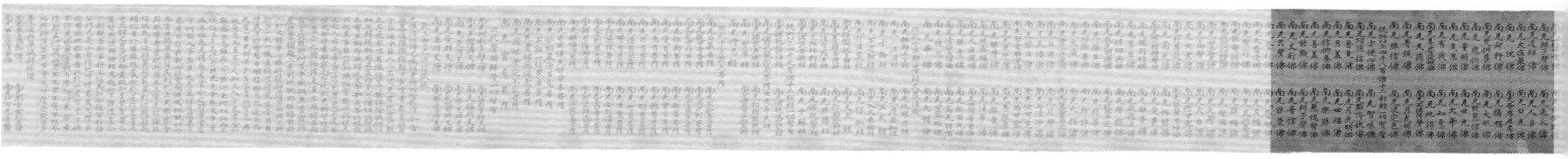

南无普現佛　南无月光明佛
南无勝信佛　南无決定色佛
從此以上四千八百佛十二部經一切賢聖
南无方便心佛　南无智味佛
南无功德信佛　南无難降伏佛
南无普見佛　南无月光明佛
南无月蓋佛　南无世福佛
南无信供養佛　南无樂勝佛
南无善蓋佛　南无慙愧賢佛
南无能觀佛　南无師子聲佛
南无文行佛　南无普信佛
南无器聲佛　南无勝愛佛

南无[illegible]佛
南无嚣聲佛
南无普行佛
南无大奮迅佛
南无堅行佛
南无能驚怖佛
南无成就一切功德佛
南无甘露光佛
南无高聲佛
南无大盡佛
南无行菩提佛
南无高光佛
南无樂種種聲佛

南无[illegible]佛
南无勝愛佛
南无普智佛
南无月幢佛
南无天供養佛
南无勝稱佛
南无堅固佛
南无大聲佛
南无大力佛
南无信甘露佛
南无勝聲思惟佛
南无怖勝佛
南无愛[illegible]佛

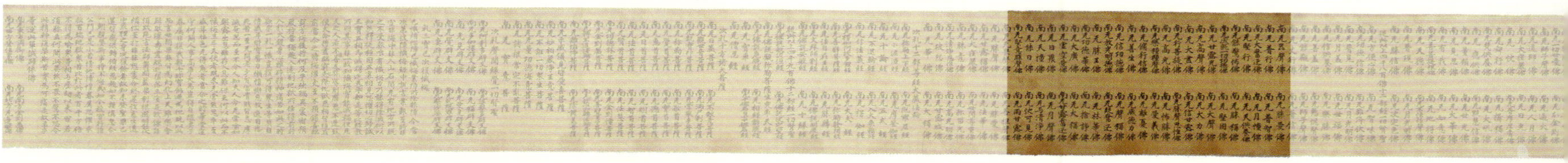

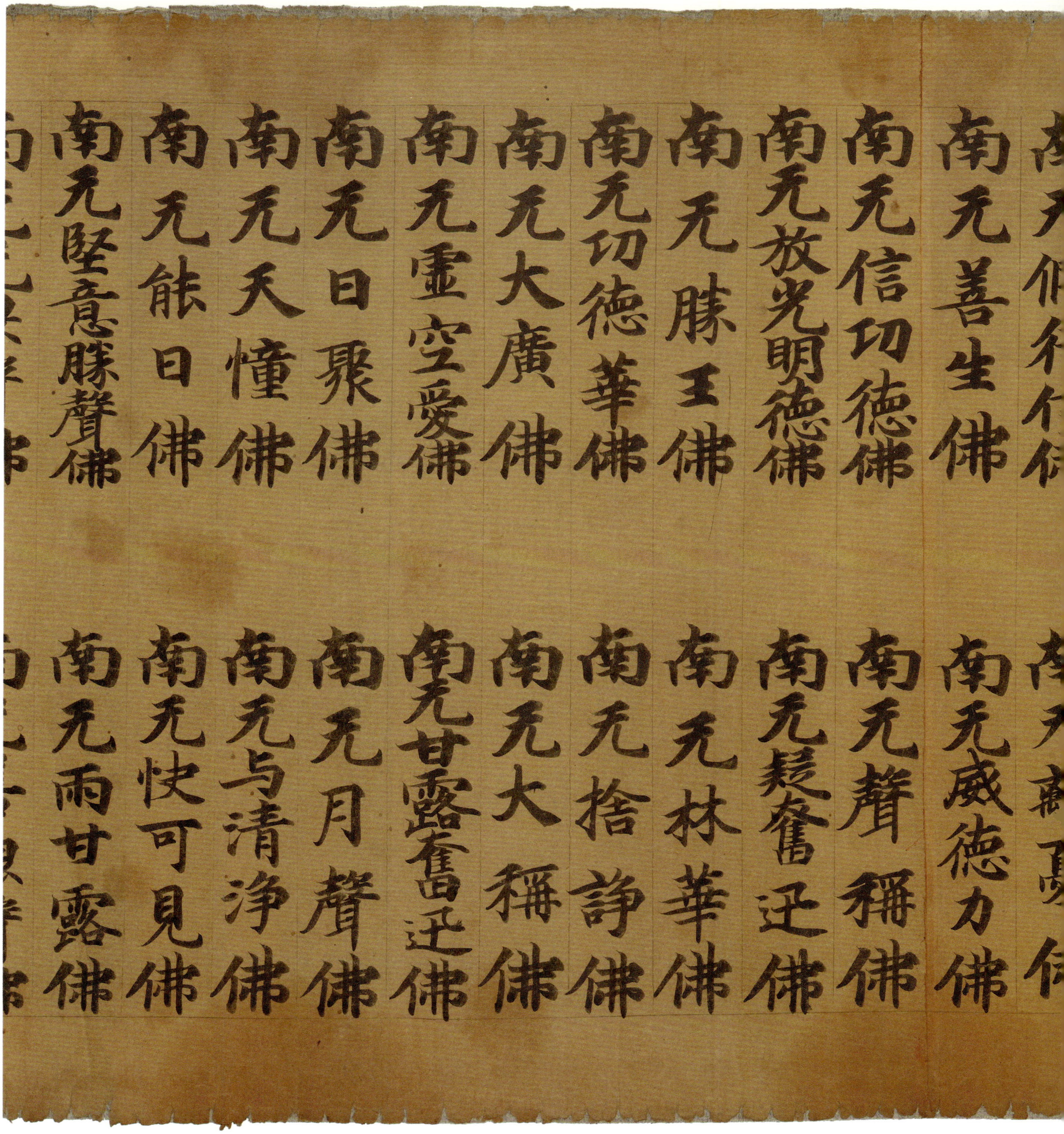

南无善生佛
南无信功德佛
南无放光明德佛
南无勝王佛
南无功德華佛
南无大廣佛
南无虛空愛佛
南无日聚佛
南无天幢佛
南无能日佛
南无堅意勝聲佛

南无威德力佛
南无聲稱佛
南无髮奮迅佛
南无林華佛
南无捨諍佛
南无大稱佛
南无甘露奮迅佛
南无月聲佛
南无与清淨佛
南无快可見佛
南无雨甘露佛

BD00191　佛名經（十六卷本）卷六

南无能日佛
南无快可見佛
南无堅意勝聲佛
南无雨甘露佛
南无无畏聲佛
南无善根聲佛
南无勝聲佛
南无勝愛佛
南无甘露稱佛
南无法華佛
南无大莊嚴佛
南无世間尊重佛
南无勝意佛
南无弥留光佛
南无清淨思惟佛
南无高光明佛
南无破怨佛
南无甘露城佛
南无華佛
南无大稱佛
次礼十二部尊經大藏法輪
南无弥勒上下經
南无陁羅尼經
南无、[illegible][illegible]經
南无[illegible][illegible][illegible]經

南无不退輪經　南无入大乘輪經
南无付法藏經　南无楞伽經
南无楞伽阿拔多羅經　南无大夫文經
南无善臂菩薩經　南无弥勒發問經
南无法自在王經　南无滕鬘經
南无文殊師利經　南无佛說明度經
南无佛說安般經　南无十緣經
從此以上四千九百佛十二部經一切賢聖
南无佛說般泥洹經　南无佛說決定毘經
南无佛說觀弥勒菩薩生兜率天經
南无佛說危脆經　南无相經解脫經

南无佛説觀弥勒菩薩生兜率天經
南无佛説危脆經　南无相經解脱經
南无寶車經　南无千佛名目七千佛名經
南无僧忍經
次礼十方諸大菩薩
南无日藏菩薩　南无不缺意菩薩
南无觀世音菩薩　南无満尸利菩薩
南无執寶印菩薩　南无常舉手菩薩
南无弥勒菩薩　南无敬首菩薩
南无覺首菩薩　南无寶首菩薩
南无惠首菩薩　南无德首菩薩
南无目首菩薩　南无明首菩薩
南无法首菩薩　南无智首菩薩

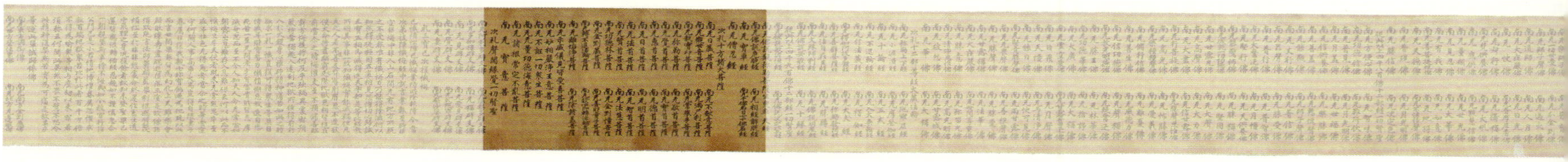

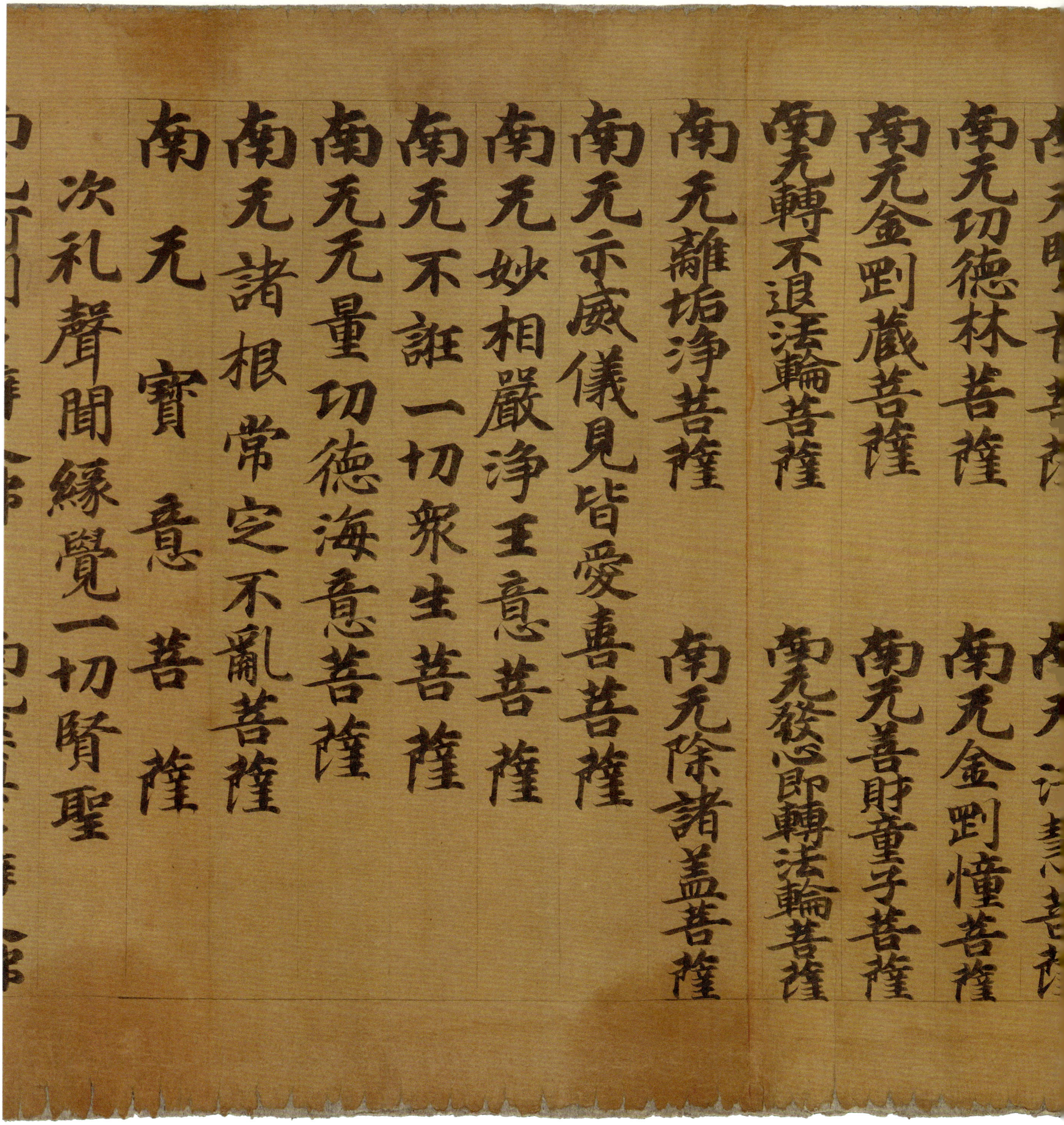

南无功德林菩薩　南无金剛幢菩薩
南无金剛藏菩薩　南无善財童子菩薩
南无轉不退法輪菩薩　南无發心即轉法輪菩薩
南无離垢淨菩薩　南无除諸蓋菩薩
南无示威儀見皆愛喜菩薩
南无妙相嚴淨王意菩薩
南无不誑一切衆生菩薩
南无无量功德海意菩薩
南无諸根常定不亂菩薩
南无寶意菩薩
次礼聲聞緣覺一切賢聖

BD00191　佛名經（十六卷本）卷六

南无寶意菩薩
次礼聲聞緣覺一切賢聖
南无阿利多辟支佛　南无婆梨多辟支佛
南无多伽樓辟支佛　南无稱辟支佛
南无見辟支佛　南无愛見辟支佛
南无覺辟支佛　南无乹陁羅辟支佛
南无妻辟支佛　南无梨沙婆辟支佛
礼三寶已次復懺悔
已懺煩惱障已懺悔業障所除報障今當
次第披陳懺悔經中說言業報至時非
空非海中非入山石間无有地方所脫
之不受報唯有懺悔力乃能得除滅何以
知然釋提桓因五衰相見恐懼切心歸戒

三寶王杙[illegible][illegible][illegible]行迎天之如是等比[illegible][illegible]
所明其事非一故知懺悔實能滅禍但凡
夫之人若不值善友擧導則靡惡而不造致
使大命將盡臨窮之際地獄惡相皆現在
前當尒之時悔懼交至不預脩善臨
窮方悔後將何及乎殊禍異處宿預
嚴持當獨趣入遠到地獄所住得前行
入於火鑊身心摧碎精神痛苦如此之時
欲求一礼一懺豈復可得衆生等莫自
恃盛年財寶勢力懶惰懈怠放逸自恣
死若一至无問老少貧富貴賤皆悉 摩
滅奄忽而至不令人知夫人命无常喻如
朝露出息雖存入息難保云可以此而不

滅奄忽乃至不令人知夫人命无常喻如
朝露出息雖存入息難保云何以此而不
懺悔旦手天使者既来无常煞鬼卒至
盛年壯色无得免者當尒之時華堂邃
宇何關人事高車大馬豈得自隨妻子
眷屬非復我親七珎寶飾洒為他玩以此
而言世間果報皆為幻化上天雖樂會
歸敗壞壽盡䰟逝墮落三塗是故佛語
須䟦陁言法師欝頭藍弗利根聡明能伏
煩惱至於非非想處命終還作畜生道
中飛狸之身況復餘者故知未登聖果已
還皆應流轉備經惡趣如不謹慎忽尒
一朝覲嬰斯事悔不每幾如入波羅于旨

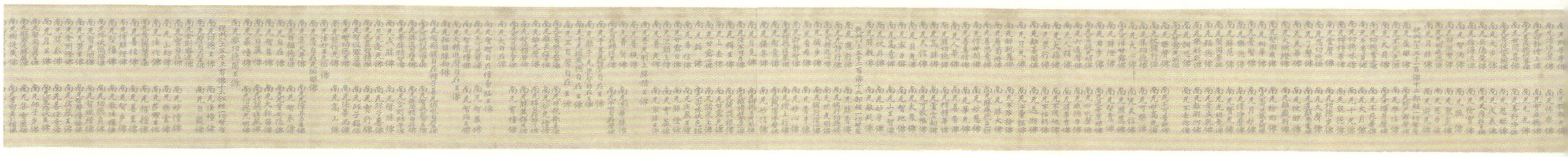

[illegible]

救百端地獄衆苦比於此者百千万倍

不得為喻衆等相与歷劫以来罪若

須弥云何聞此晏然不畏不驚不恐令

此精神復嬰斯苦實為可痛是故弟子

等運此單誠歸依佛

南无東方調御佛　南无南方金剛藏佛

南无西方登法果佛　南无北方无邊眼佛

南无東南方无憂德佛

南无西南方壞諸怖畏佛

南无西北方勇猛伏佛

南无東北方大力光明佛

南无下方[illegible]善[illegible]佛　南无上方[illegible]佛

南无西北方[illegible]佛
南无東北方大力光明佛
南无下方歡喜路佛　　南无上方香上王佛
如是盡虛空界一切三寶
弟子等從无始以來至於今日所有業障
然其重者第一唯有阿鼻地獄如經所明
今當略說其相此獄周帀有七重鐵城
復有七重鐵網羅覆其上下有七重刀
林无量猛火縱廣八万四千由旬罪人之
身遍滿其中罪業因緣不相妨㝵上火
徹下下火徹上東西南北通徹交過如魚
在熬脂膏皆盡此中罪苦亦復如是其
城四門有四大銅狗其身縱廣四千由旬
牙爪鋒利眼如掣電復有无量鐵觜者

刹而有九尾尾如鐵叉復有八頭頭上有
十八角有六十四眼一一眼中皆悉迸出
諸熱鐵丸燒罪人肉然其一瞋一怒皆吼之時
聲如霹靂復有无量自然刀輪空中而下
從罪人頂入從足而出於是罪人痛徹骨
髓苦切肝心如是經无量歲求生不得求死不
得如是等報今日皆悉稽顙慚愧懺悔其
餘地獄刀山劍樹身首脫落罪報懺悔鑊
湯爐炭地獄燒炙罪報懺悔鐵床銅柱
地獄焦燃罪報懺悔刀輪火車地獄擗轢
罪報懺悔拔舌犁耕地獄楚痛罪報懺
悔吞啖鐵丸洋銅灌口地獄五內消爛罪

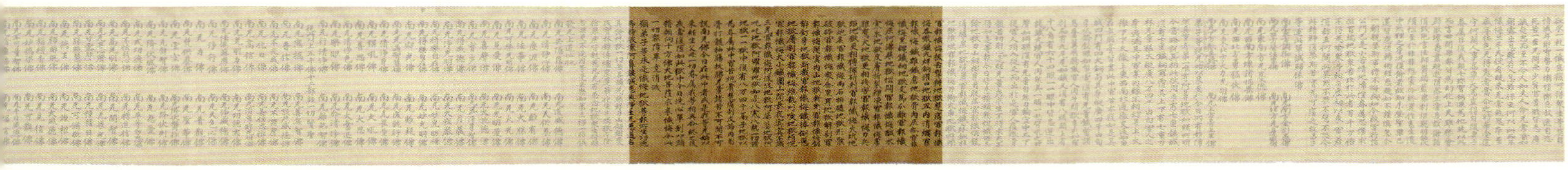

罪報懺悔拔舌犁耕地獄楚痛罪報懺
悔吞噉鐵丸烊銅灌口地獄五内消爛罪
報懺悔鐵碓鐵磨地獄骨肉灰粉罪報
懺悔黑繩鐵網地獄支節分離罪報懺
悔灰河沸屎地獄惱悶罪報懺悔醎水
寒氷地獄皮膚折裂裸凍罪報懺悔虎
狼鷹犬地獄更相殘害罪報懺悔刀兵
距地地獄更相搏撮斫剌罪報懺悔大坑地
獄炮炙罪報懺悔雨石相磕地獄形骸
破碎罪報懺悔衆合黑耳地獄解剔罪
報懺悔闇冥内山地獄斬剉罪報懺悔鋸
解釘身地獄斷截罪報懺悔鐵棒倒懸
地獄著[illegible]罪報懺悔[illegible]丸[illegible]地獄[illegible]

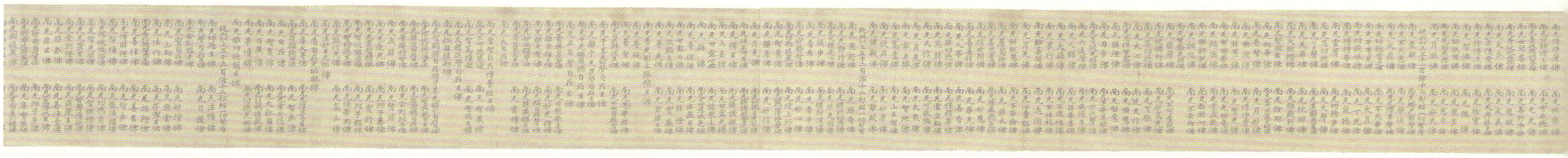

三光罪報懺悔阿波波地獄阿婆婆地獄阿
吒吒地獄阿羅羅地獄如是八寒八熱一切諸
地獄一一獄中復有八万四千鬲子地獄以
為眷屬此中罪苦炮煑楚痛剥皮剔肉削
骨打髓抽腸拔肺无量諸苦不可聞不可
說南无佛今日在此中者或是我等无始以
来經生父母一切眷屬我等相與命終之後
或當復墮如此獄中今日洗心畢到叩頭
稽顙向十方佛大地菩薩求哀懺悔令此
一切報障畢竟消滅
願弟子等承是懺悔地獄等報所生功德
即時破壞可得懺成

BD00191　佛名經（十六卷本）卷六

願弟子等承是懺悔地獄等報所生功德
即時破壞阿鼻鐵城悉與淨土无惡道名
其餘地獄一切苦具轉為樂緣刀山劒樹變
成寶林鑊湯爐炭蓮華化生牛頭獄卒除
捨暴虐皆起慈悲无有惡念地獄衆生得離
苦果更不造因等受安樂如第三禪一時俱
發无上道心 礼一拜
南无安隱佛　南无道威德佛
南无清淨心佛　南无天供養佛
南无度泥佛　南无離有佛
南无法華佛　南无大勝佛
南无可樂光明佛　南无火光佛
南无見愛佛　南无光明愛佛

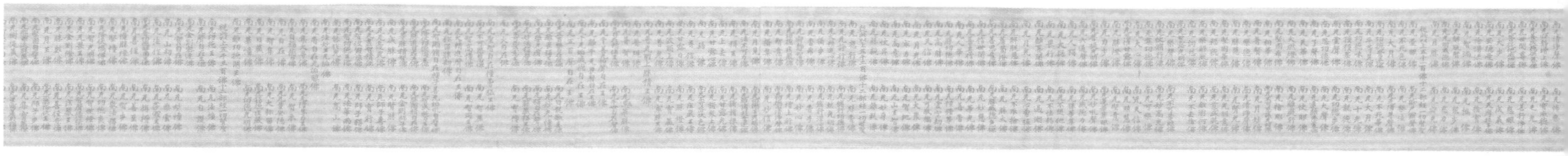

壹

南无善聲佛
南无寶步佛
南无得威德佛
南无淨光明佛
南无得樂自在佛
南无得樂自在佛
南无寂光佛
南无无過智慧佛
南无清淨身佛
南无稱吼佛
南无善思佛
南无清淨色佛
南无樂根佛

南无大方[illegible]佛
南无无滯㝵智佛
南无月藏佛
南无大莊嚴佛
南无妙光明佛
南无妙光明佛
南无離疑佛
南无成就行佛
南无无畏愛佛
南无大吼佛
南无大思佛
南无大奮迅佛
南无命清淨佛

南无淸淨色佛
南无大奮迅佛
南无樂眼佛
南无命淸淨佛
南无行淸淨佛
南无離熱智佛
從此以上五千佛十二部經一切賢聖
南无應橋佛
南无善集智佛
南无普信佛
南无設尸威德佛
南无不死成佛
南无不護聲佛
南无化日佛
南无善住思惟佛
南无高信佛
南无須摩那光明佛
南无光明力佛
南无功德布佛
南无法俱蘇摩佛
南无淨威德佛
南无淨行佛
南无天色心佛
南无[illegible]力佛
南无普觀佛

南无虚空佛
南无无礙智佛
南无降伏城佛
南无弌切德佛
南无不怯弱心佛
南无高光明佛
南无无㝵心聲佛
南无甘露聲佛
南无勝黠慧佛
南无德王佛
南无禪解脫佛
南无旃檀香佛

南无降伏欝孫佛
南无降伏刾佛
南无應愛佛
南无平等勿思佛
南无精進信佛
南无聞智佛
南无无畏光佛
南无種種日佛
南无可脩敬佛
南无護根佛
南无大威德佛
南无見信佛

南无禪解脫佛　南无大威德佛
南无旃檀香佛　南无見信佛
南无妙橋梁佛　南无可觀佛
南无不可量智佛　南无千日威德佛
南无捨重擔佛　南无稱信佛
南无諸方聞佛　南无自在佛
南无无邊智佛　南无无垢光佛
南无甘露信佛　南无妙眼佛
南无解脫行佛　南无可樂見佛
南无高光明佛　南无大聲佛
南无大威德聚佛　南无光明幢佛
南无應供養佛　南无福德威德積佛
南无[illegible]日佛　南无大[illegible]佛

南无[illegible]佛

南无須提他佛
南无普寶佛
南无説提他佛
南无師子身佛
南无清淨聲佛
南无寂靜增上佛
南无善威德供養佛
南无世間尊佛
南无菩提他威德佛
南无大步佛
南无安隱愛佛
南无捨昜系佛

南无[illegible]佛

南无智作佛
南无日光佛
南无灰眼佛
南无稱親光佛
南无怖樂佛
南无寶威德佛
南无毛光佛
南无善行淨佛
南无應眼佛
南无成義佛
南无天摩拯多佛
南无捨寶佛

南无安隱愛佛　南无天摩拯多佛
南无捨湯流佛　南无捨寶佛
南无智滿佛　南无橋佛
南无解脫賢佛　南无衆步佛
南无光明威德佛　南无慈力佛
南无月勝佛　南无宿光佛
從此以上五千一百佛十二部經一切賢聖
南无愛眼佛　南无睒尸羅聲佛
南无不死色佛　南无樂法佛
南无大月佛　南无无障㝵聲佛
南无切德奮迅佛　南无不死華佛
南无平等見佛　南无大月佛
南无切德味佛　南无一□□佛

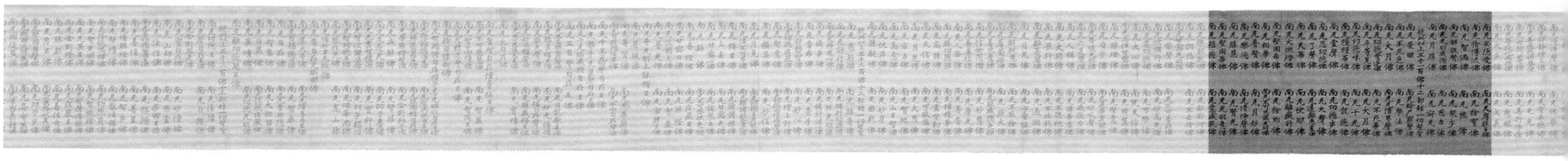

南无雲聲佛　南无功德步佛
南无思功德佛　南无大聲佛
南无了聲佛　南无遠離惡處佛
南无天華佛　南无快眼佛
南无大燃燈佛　南无離癡行佛
南无堅固希佛　南无捨耶佛
南无相華佛　南无不可思議光明佛
南无普賢佛　南无月妙佛
南无樂德佛　南无清淨聲佛
南无勝慧佛　南无賢光佛
南无堅固華佛　南无光明意佛
南无福德佛　南无意成就佛

南无福德佛
南无樂解脫佛
南无調怨佛
南无甘露光明佛
南无樂聲佛
南无快脩行佛
南无集功德佛
南无大心佛
南无思惟甘露佛
南无勝燈佛
南无力步佛
南无菩提光明佛
南无六通聲佛

南无意成就佛
南无離灪河佛
南无不去捨佛
南无不可量眼佛
南无妙高光佛
南无可樂佛
南无天信佛
南无黠慧佛
南无堅意佛
南无蓮華葉眼佛
南无妙吼聲佛
南无威德力佛

南无人稱佛
南无勝華集佛
南无大髻佛
南无不隨他佛
南无畏行佛
南无不怯弱佛
南无離憂闇佛
南无過潮佛
南无月光佛
南无心勇猛佛
南无解脫慧佛
南无不取捨佛
南无薝蔔燈佛
南无勝大佛
南无善思意佛
南无勝威德色佛
南无信世間佛
南无妙慧佛
南无善善信佛
南无華光佛
南无人華佛
南无善香佛
南无勝功德佛
南无種種華佛
南无高勝佛
南无盡空劫佛

南无高勝佛
南无盡空劫佛
南无天信佛
南无可敬橋佛
南无月光佛
南无大聚佛
南无寂力佛
南无智地佛
南无高意佛
南无山王智佛
南无快昇佛
南无妙身佛
南无勝親佛
南无離疑佛
從此以上五千二百佛十二部經一切賢聖
南无應行佛
南无勝香佛
南无无諍行佛
南无脩行切德佛
南无大精進心佛
南无然光明佛
南无攝步佛
南无脩行深心佛
南无香[illegible]佛
南无香手佛

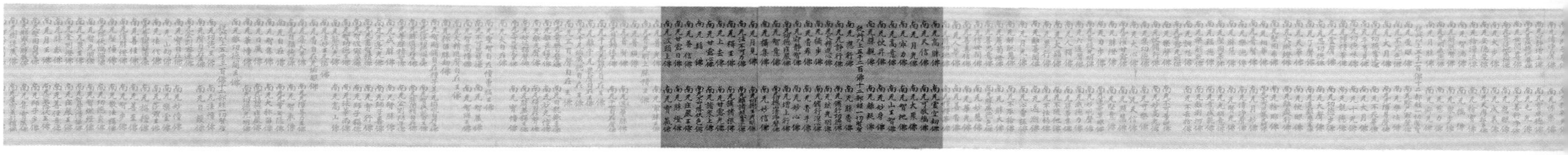

南无[illegible]佛
南无妙[illegible]佛
南无切德莊嚴佛
南无增上行佛
南无智意佛
南无切德山清淨聲佛
南无攝集佛
南无妙信佛
南无月見佛
南无切德王光明佛
南无法不可力佛
南无離諸疑奮迅佛
南无稱王佛
南无攝諸根佛
南无上去佛
南无甘露光佛
南无甘露心佛
南无諸衆上佛
南无髻佛
南无不可降伏色佛
南无普信佛
南无莊嚴王佛
南无甘露日佛
南无勝燈佛
南无波頭上佛
南无寶藏佛

南无波頭上佛　南无寶藏佛
南无普光佛　南无寅勝王佛
南无普光明上勝積王佛
南无普現佛
南无普賢佛　南无還蓮華勝佛
南无自在轉法王佛　南无千世自在聲佛
南无千善无垢聲自在王佛
南无離千无畏聲自在王佛
南无千无垢威德自在王佛
南无五百聲自在王佛
南无五百樂自在聲佛　南无日龍歡喜佛
南无離畏稱王佛　南无妙光幢佛
南无離光聲佛　南无稱自在聲佛

南无不可思議意王佛
南无火自在佛
南无聖智自在憧勇猛王佛
南无不可思慧佛
南无智高憧佛
南无大精進聲自在王佛
南无弥留勝劫佛
南无智顯脩自在種子善无垢吼自在王佛
南无降伏切德海王佛
南无勝道自在王佛
南无華勝積智佛
南无成勝佛

南无寶憧佛
南无智藏佛
南无智海王佛
南无智成就力王佛
南无勝闇積自在佛
南无金剛師子佛
南无賢勝佛

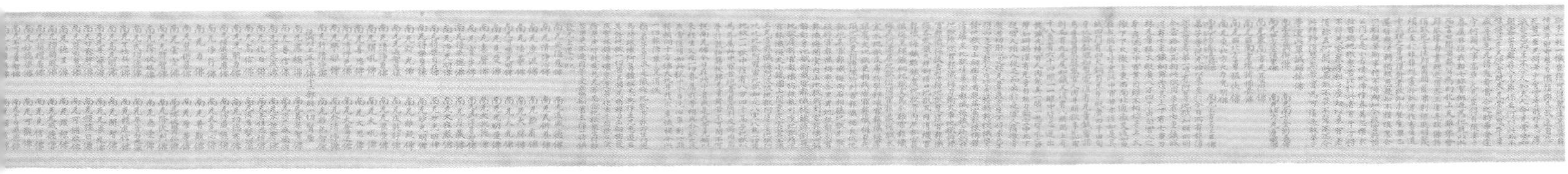

南无華勝積智佛
南无威勝佛
南无无邊光佛
南无无盡智積佛
南无智波羅婆佛
南无智功德王佛
南无能作光佛
南无法妙王无垢佛
南无香自在无垢眼佛
南无集大导佛
南无自福德力佛
南无自在佛
南无智集佛

南无金剛師子佛
南无賢勝佛
南无師子喜佛
南无寶行佛
南无師子稱佛
南无法華雨佛
南无高山佛
南无无障导力王佛
南无智衣佛
南无无量安隱佛
南无[illegible]佛

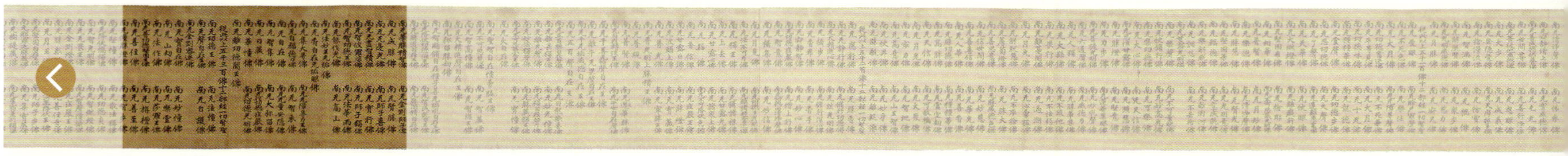

南无日[illegible]佛
南无[illegible]佛
南无華幢佛
南无功德光明佛
南无離功德闇王佛
從此以上五千三百佛十二部經一切賢聖
南无功德王佛
南无法幢佛
南无聲自在王佛
南无自護佛
南无金剛密迹佛
南无寶自在佛
南无妙幢佛
南无山劫佛
南无樂雲佛
南无法作佛
南无莎羅王佛
南无普功德堅固王佛
南无栴檀佛
南无善住佛
南无善至佛
南无蓮華燈佛
南无習步佛

南无善住佛
南无幢勝燈佛
南无堅幢佛
南无降伏憍慢佛
南无智光明佛
南无无畏王佛
南无金剛燈佛
南无勝數佛
南无月王佛
南无堅固自在王佛
南无那羅延勝藏佛
南无樹提藏佛
南无功德力堅固王佛

南无善至佛
南无智步佛
南无散法稱佛
南无功德炎佛
南无智燃燈佛
南无智聲幢攝佛
南无莊嚴王佛
南无善住意佛
南无次第降伏王佛
南无師子步佛
南无集寶藏佛
南无星宿差別稱佛
南无少聲佛

南无梵聲佛　南无月梵佛
南无堅固主佛　南无千香佛
南无波頭摩勝王佛　南无光輪光佛
南无大光明王佛　南无香波頭摩王佛
南无疾无邊功德海智上佛
南无閻浮影佛　南无功德山幢佛
南无師子幢佛　南无龍吼佛
南无華威德王佛　南无善香種子佛
南无无我甘露功德威德王劫佛
南无復有八千同名无我甘露功德威德
王劫佛
南无法智佛　南无龍自在解脫佛

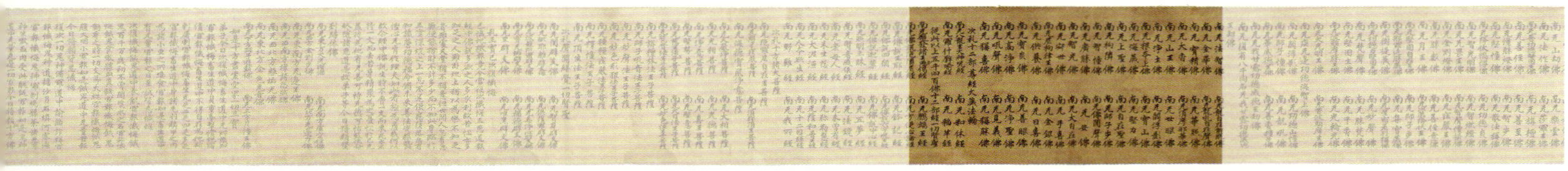

南无法智佛
南无金華佛
南无寶積佛
南无大香佛
南无山王佛
南无淨土佛
南无根本上佛
南无海藏佛
南无上聖佛
南无拘隣佛
南无智憧佛
南无廣勝佛
南无智光佛

南无龍自在解脫佛
南无龍吼自在聲佛
南无華照佛
南无須摩那華佛
南无世眼佛
南无閻浮影佛
南无寶山佛
南无堅力佛
南无自在聖佛
南无師子步佛
南无佛聞聲佛
南无安佛
南[illegible]自在佛

南无尼拘律王佛　南无金銀佛

南无供養佛　南无日喜佛

南无寶炎佛　南无善眼佛

南无高淨佛　南无淨聖佛

南无吼聲佛　南无見義佛

南无稱喜佛　南无稱勝佛

次礼十二部尊經大藏法輪

南无八龍王大神呪經　南无和休經

南无羅什譬喻經　南无稲芊經

從此以上五千四百佛十二部經一切賢聖

南无觀發諸王惡（要）偈經　南无鸚鵡王經

南无佛般泥洹後灌臘經　南无方便心論經

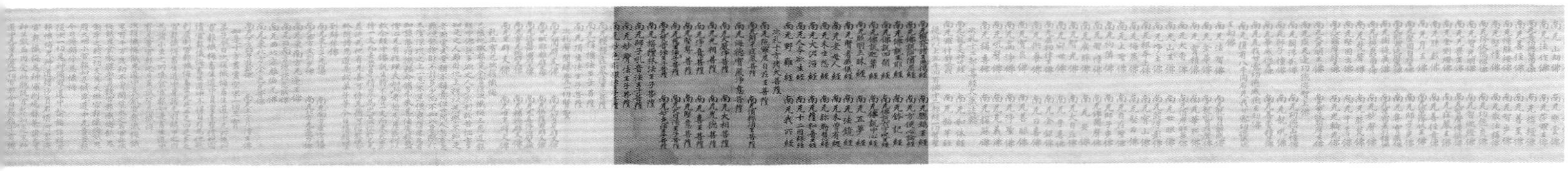

南无觀發諸王惡偈經　南无鸚鵡王經
南无佛說陁憐尼經　南无方便心論經
南无佛說玉耶經　南无鉢記經
南无佛說四願經　南无佛說六字呪王經
南无佛說迦葉經　南无佛說中心經
南无照明三昧經　南无五夢經
南无賢者威儀經　南无法鏡經
南无老母人經　南无未曾有經
南无未生怨經　南无弥勒慧經
南无大泥洹經　南无薩和普王經
南无人本欲生經　南无十二因緣經
南无野雞經　南无我所經
…九…菩薩

南无[illegible]菩薩

南无辯才莊嚴菩薩　南无須弥頂王菩薩

南无海德寶嚴淨意菩薩

南无大嚴淨菩薩　南无大相菩薩

南无光相菩薩　南无光德菩薩

南无淨意菩薩　南无喜王菩薩

南无堅勢菩薩　南无堅意菩薩

南无慈王法王子菩薩　南无大目法王子菩薩

南无梵音法王子菩薩　南无妙色法王子菩薩

南无栴檀林法王子菩薩

南无師子吼音法王子菩薩

南无妙聲法王子菩薩

南无妙色光眼法王子菩薩

南无妙聲法王子菩薩
南无妙色形狠法王子菩薩
南无種種莊嚴法王子菩薩
南无釋幢法王子菩薩
南无頂生法王子菩薩
次礼聲聞緣覺一切賢聖
南无聞辟支佛　南无智身辟支佛
南无毗耶離辟支佛　南无俱薩羅辟支佛
南无波蘇陁羅辟支佛　南无无毒淨心辟支佛
南无寶无垢辟支佛　南无福德辟支佛
南无里辟支佛　南无唯里辟支佛
礼三寶已次復懺悔

經曰佛言多欲之人多求利故苦惱亦多
知足之人雖卧地上猶以為樂不知足
者雖處天堂猶不稱意但世間人忽有急
難便能捨財不計多少而不知此身臨於
三塗深坑之上一息不還便應墮落忽有
知識營功德福令脩未來善法資粮執此
慳心无肯作理夫如此者極為愚惑何以
故尒經中佛說生時不賫一文而來死亦不
持一文而去苦身積聚為之憂惱於已无
益徒為他有无善可恃无德可怙致使命
終隨諸悪道是故弟子等今日稽顙礼
到歸依佛
南无東方大光耀佛　南无南方盡空佛

到歸依佛
南无東方大光曜佛　南无南方虛空住佛
南无西方金剛步佛　南无北方无邊力佛
南无東南方无邊王佛
南无西南方壞諸怨賊佛
南无西北方離垢光佛
南无東北方金色光音佛
南无下方師子遊戲佛　南无上方月幢王佛
如是十方盡虛空界一切三寶
弟子等今日次復懺悔畜生道中无所識知
罪報懺悔畜生道中負重牽犁償他宿
債罪報懺悔畜生道中不得自在為他所
割剖罪報懺悔畜生无足二足四足多足

罪報懺悔畜生道中[illegible]
為諸小虫之所噉食罪報如是畜生道中
有无量罪報之(今)日至誠皆悉懺悔
次復懺悔餓鬼道中長飢罪報懺悔餓
鬼百千万歲初不曾聞漿水之名罪報懺
悔餓鬼食噉膿血糞穢罪報懺悔餓鬼
動身之時一切支節火燃罪報懺悔餓鬼
腹大咽小罪報如是餓鬼道中无量苦報
今日稽顙皆悉懺悔
復次一切鬼神脩羅道中諛諂詐稱罪
報懺悔鬼神道(中)擔沙負石填河塞海
罪報懺悔鬼神羅剎鳩槃荼諸惡鬼
神生噉血肉受此鬼道罪報口[illegible]鬼神

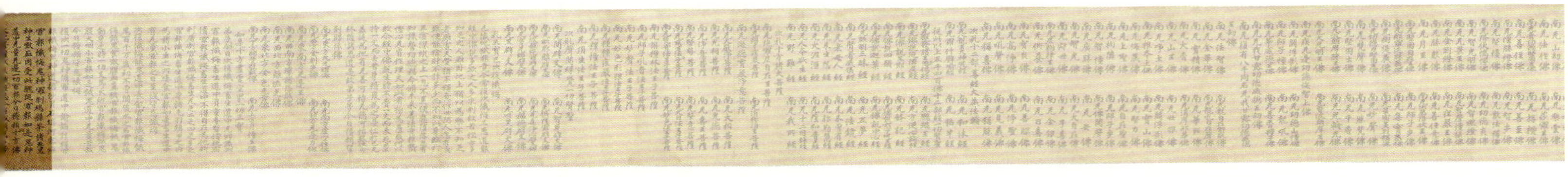

報懺悔鬼神道擔沙負石填河塞海
罪報懺悔鬼神羅剎鳩槃荼諸惡鬼
神生噉血肉受此醜陋罪報如是鬼神
道中无量无邊一切罪報今日稽顙向十方佛
大地菩薩求哀懺悔悉令消滅願弟子等
承是懺悔畜生等報所生功德生生世世滅
愚癡垢自識業緣智慧明照斷惡道身願以懺
悔餓鬼等報所生功德生生世世永離慳
貪飢渴之苦常飡甘露解脫之味願以
懺悔鬼神脩羅等報所生功德生生世世質
直无諂離邪命回除醜陋果福利人天願柔
子等從今以去乃至道場決定不受四惡
道永離餘

佛名經卷第六

BD00191v-1　勘記

BD00191v-2　佛名經（十六卷本）卷六外題

BD00192 妙法蓮華經卷五

（後秦）鳩摩羅什 譯

111cm×25.2cm

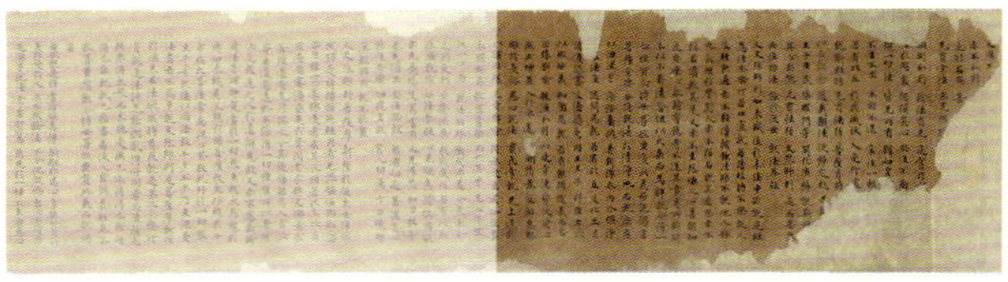

又復
亦不分別
是則名為 菩
无有常住 亦无起
顛倒分別 諸法有无 是實非
在於閑處 脩攝其心 安住不動
觀一切法 皆无所有 猶如虛
不生不出 不動不退 常住一相
若有比丘 於我滅後 入是行處
說斯經時 无有怯弱 菩薩有時
以正憶念 隨義觀法 從禪定起 為諸
王子臣民 婆羅門等 開化演暢 說斯經
其心安隱 无有怯弱 文殊師利 是名菩薩
安住初法 能於後世 說法華經
[illegible]

及經典過亦不輕慢諸餘法師不說他人好
惡長短於聲聞人亦不稱名說其過惡亦不
稱名讚歎其美又亦不生怨嫌之心善脩如
是安樂心故諸有聽者不逆其意有所難問
不以小乘法答但以大乘而為解說令得一
切種智尒時世尊欲重宣此義而說偈言
菩薩常樂　安隱說法　於清淨地　而施床座
以油塗身　澡浴塵穢　著新淨衣　內外俱淨
安處法座　隨問為說　若有比丘　及比丘尼
諸優婆塞　及優婆夷　國王王子　群臣士民
以微妙義　和顏為說　若有難問　隨義而答
因緣譬喻　敷演分別　以是方便　皆使發心
漸漸增益　入於佛道　除嬾惰意　及懈怠想
離諸憂惱　慈心說法　晝夜常說　无上道教
以諸因緣　無量譬喻　開示眾生　咸令歡喜

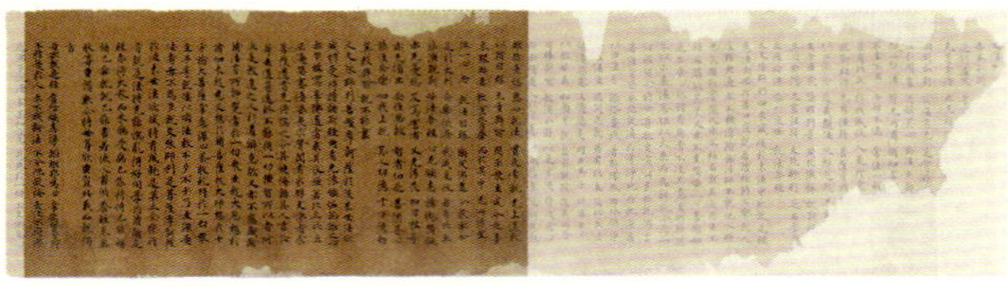

離諸憂惱　慈心說法　晝夜常說　无上道教
以諸因緣　无量譬喻　開示衆生　咸令歡喜
衣服卧具　飲食醫藥　而於其中　无所悕望
但一心念　說法因緣　願成佛道　令衆亦尒
是則大利　安樂供養　我滅度後　若有比丘
能演說斯　妙法華經　心无嫉恚　諸惱障礙
亦无憂愁　及罵詈者　又无怖畏　加刀杖等
亦无擯出　安住忍故　智者如是　善脩其心
能住安樂　如我上說　其人功德　千万億劫
算數譬喻　說不能盡
又文殊師利菩薩摩訶薩於後末世法欲
滅時受持讀誦斯經典者无懷嫉妬諂誑之心
亦勿輕罵學佛道者求其長短若比丘比丘
尼優婆塞優婆夷求聲聞者求辟支佛者求

汝是放逸之人於道懈怠故又亦不應戲論
諸法有所諍競當於一切衆生起大悲想於
諸如來起慈父想於諸菩薩起大師想於十
方諸大菩薩常應深心恭敬礼拜於一切衆
生平等說法以順法故不多不少乃至深愛
法者亦不為多說文殊師利是菩薩摩訶薩
於後末世法欲滅時有成就是第三安樂行
者說是法時无能惱亂得好同學共讀誦是
經亦得大衆而來聽受聽已能持持已能誦
誦已能說說已能書若使人書供養經卷恭
敬尊重讚歎尒時世尊欲重宣此義而說偈
言
若欲說是經　當捨嫉恚慢　諂誑邪偽心　常脩質直行
不輕蔑於人　亦不戲論法　不令他疑悔　云汝不得佛
是佛子說法　常柔和能忍　慈悲於一切　不生懈怠心

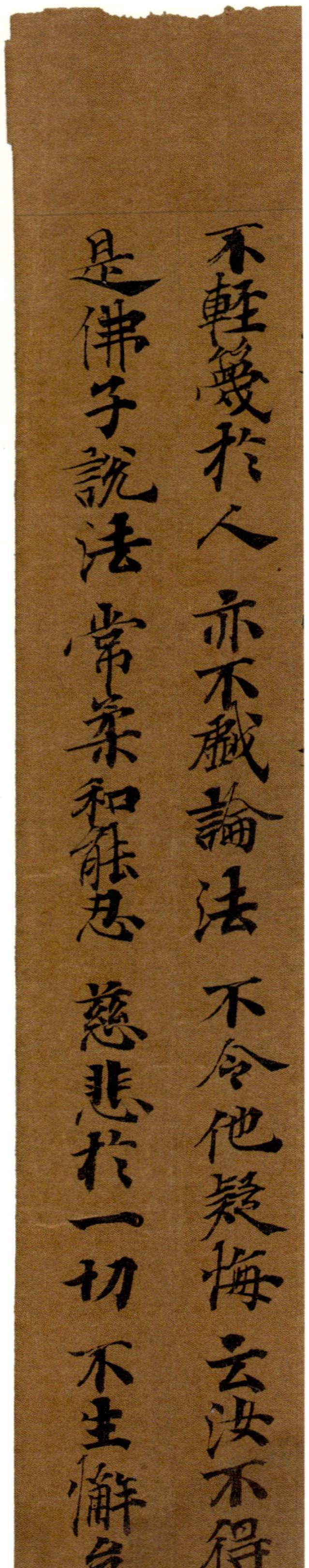

不輕蔑於人　亦不戲論法　不令他疑悔　云汝不得佛
是佛子說法　常柔和能忍　慈悲於一切　不生懈怠心

BD00193　妙法蓮華經卷三

（後秦）鳩摩羅什　譯

593.6cm × 25.9cm

千世界所有地種假使有人磨以為墨過於
東方千國土乃下一點大如微塵又過千國
土復下一點如是展轉盡地種墨於汝等意
云何是諸國土若筭師若筭師弟子能得邊
際知其數不不也世尊諸比丘是人所經國
土若點不點盡末為塵一塵一劫彼佛滅度
已來復過是數無量無邊百千万億阿僧祇
劫我以如來知見力故觀彼久遠猶若今日
爾時世尊欲重宣此義而說偈言
我念過去世 無量無邊劫 有佛兩足尊 名大通智勝
如人以力磨 三千大千土 盡此諸地種 皆悉以為墨
過於千國土 乃下一塵點 如是展轉點 盡此諸塵墨
如是諸國土 點與不點等 復盡末為塵 一塵為一劫
此諸微塵數 其劫復過是 彼佛滅度來

如來无礙智　知彼佛滅度　及聲聞菩薩　如見今滅度
諸比丘當知　佛智淨微妙　无漏无所礙　通達无量劫
佛告諸比丘大通智勝佛壽五百四十万億
那由他劫其佛本坐道場破魔軍已垂得阿
耨多羅三藐三菩提而諸佛法不現在前如
是一小劫乃至十小劫結跏趺坐身心不動
而諸佛法猶不在前尒時忉利諸天先為彼
佛於菩提樹下敷師子座高一由旬佛於此
座當得阿耨多羅三藐三菩提適坐此座時
諸梵天王雨衆天華面百由旬香風時來吹
去萎華更雨新者如是不絕滿十小劫供養
於佛乃至滅度常雨此華四王諸天為供養
佛常擊天鼓其餘諸天作天伎樂滿十小劫
至于滅度亦復如是諸比丘大通智勝佛過

至于滅度亦復如是諸比丘大通智勝佛過
十小劫諸佛之法乃現在前成阿耨多羅三
藐三菩提其佛未出家時有十六子其苐一
者名曰智積諸子各有種種珍異玩好之具
聞父得成阿耨多羅三藐三菩提皆捨所珍
往詣佛所諸母涕泣而隨送之其祖轉輪聖王
與一百大臣及餘百千萬億人民皆共圍繞
隨至道場咸欲親近大通智勝如來供養
恭敬尊重讚歎到已頭面礼足繞佛畢已一
心合掌瞻仰世尊以偈頌曰
大威德世尊　為度衆生故　於無量億歲　尒乃得成佛
諸願已具足　善哉吉無上　世尊甚希有　一坐十小劫
身體及手足　靜然安不動　其心常憺怕　未曾有散乱
究竟永寂滅　安住無漏法　今者見世尊　安隱成佛道

不識苦盡道　不知求解脫　長夜增惡趣　減損諸天眾

從冥入於冥　永不聞佛名　今佛得最上　安隱無漏道

我等及天人　為得最大利　是故咸稽首　歸命無上尊

爾時十六王子偈讚佛已勸請世尊轉於法輪

咸作是言世尊說法多所安隱憐愍饒益

諸天人民重說偈言

世雄無等倫　百福自莊嚴　得無上智慧　願為世間說

度脫於我等　及諸眾生類　為分別顯示　令得是智慧

若我等得佛　眾生亦復然　世尊知眾生　深心之所念

亦知所行道　又知智慧力　欲樂及修福　宿命所行業

世尊悉知已　當轉無上輪

佛告諸比丘大通智勝佛得阿耨多羅三藐

三菩提時十方各五百萬億諸佛世界六種震

動其國中間幽冥之處日月威光所不能照

而皆大明其中眾生各得相見咸作是言

動其國中間幽暝之處日月威光所不能照
而皆大明其中衆生各得相見咸作是言
此中云何忽生衆生又其國界諸天宮殿乃
至梵宮六種震動大光普照遍滿世界勝諸
天光尒時東方五百萬億諸國土中梵天宮
殿光明照曜倍於常明諸梵天王各作是念
今者宮殿光明昔所未有以何因緣而現此
相是時諸梵天王即各相詣共議此事時彼衆
中有一大梵天王名救一切爲諸梵衆而説
偈言
我等諸宮殿　光明昔未有　此是何因緣　宜各共求之
爲大德天生　爲佛出世間　而此大光明　遍照於十方
尒時五百萬億國土諸梵天王與宮殿俱各
以衣裓盛諸天華共詣西方推尋是相見大

諸天龍王乾闥婆緊那羅摩睺羅伽人非人
等恭敬圍繞及見十六王子請佛轉法轉即
時諸梵天王頭面礼佛繞百千帀即以天華
而散佛上其所散華如須弥山并以供養佛
菩提樹其菩提樹高十由旬華供養已各以
宮殿奉上彼佛而作是言唯見哀愍饒益我
等所獻宮殿願垂納處時諸梵天王即於佛
前一心同聲以偈頌曰

世尊甚希有　難可得值遇　具無量功德　能救護一切
天人之大師　哀愍於世間　十方諸衆生　普皆蒙饒益
我等所從來　五百萬億國　捨深禪定樂　為供養佛故
我等先世福　宮殿甚嚴飾　今以奉世尊　唯願哀納受

尒時諸梵天王偈讚佛已各作是言唯願世尊
轉於法輪度脫衆生開涅槃道時諸梵天王
一心同聲而說偈言

轉於法輪度脫衆生開涅槃道時諸梵天王
一心同聲而說偈言
世雄兩足尊　唯願演說法　以大慈悲力　度苦惱衆生
尒時大通智勝如來默然許之又諸比丘東南
方五百萬億國土諸大梵王各自見宮殿
光明照曜昔所未有歡喜踊躍生希有心即
各相詣共議此事時彼衆中有一大梵天王
名曰大悲為諸梵衆而說偈言
是事何因緣　而現如此相　我等諸宮殿　光明昔未有
為大德天生　為佛出世間　未曾見此相　當共一心求
過千萬億土　尋光共推之　多是佛出世　度脫苦衆生
尒時五百萬億諸梵天王與宮殿俱各以衣
裓盛諸天華共詣西北方推尋是相見大通
智勝如來處于道場菩提樹下坐師子座諸
天龍王乾闥婆緊那羅摩睺羅伽人非人等

梵天王頭面礼佛繞百千帀即以天華而散
佛上所散之華如須弥山并以供養佛菩提
樹華供養已各以宮殿奉上彼佛而作是言
唯見哀愍饒益我等所獻宮殿願垂納受尒
時諸梵天王即於佛前一心同聲以偈頌曰
聖主天中王　迦陵頻伽聲　哀愍衆生者　我等今敬礼
世尊甚希有　久遠乃一現　一百八十劫　空過無有佛
三惡道充滿　諸天衆減少　今佛出於世　為衆生作眼
世間所歸趣　救護於一切　為衆生之父　哀愍饒益者
我等宿福慶　今得值世尊
尒時諸梵天王偈讚佛已各作是言唯願世
尊哀愍一切轉於法輪度脫衆生時諸梵天
王一心同聲而說偈言
大聖轉法輪　顯示諸法相　度苦惱衆生　令得大歡喜

王一心同聲而說偈言
大聖轉法輪 顯示諸法相 度苦惱衆生 令得大歡喜
衆生聞此法 得道若生天 諸惡道減少 忍善者增益
尒時大通智勝如來默然許之 又諸比丘 南方
五百萬億國土諸大梵王 各自見宫殿光
明照曜 昔所未有 歡喜踊躍 生希有心 即各
相詣共議此事 以何因緣 我等宫殿有此光
曜 而彼衆中有一大梵天王 名曰妙法 爲諸
梵衆而說偈言
我等諸宫殿 光明甚威曜 此非無因緣 是相宜求之
過於百千劫 未曾見是相 爲大德天生 爲佛出世間
尒時五百萬億諸梵天王與宫殿俱 各以衣
裓盛諸天華 共詣北方 推尋是相 見大通智

敬圍繞及見十六王子請佛轉法轉輪時諸梵
天王頭面礼佛繞百千帀即以天華而散佛
上所散之華如須弥山并以供養佛菩提樹
華供養已各以宮殿奉上彼佛而作是言唯
見哀愍饒益我等所獻宮殿願垂納受尒時
諸梵天王即於佛前一心同聲以偈頌曰
世尊甚難見　破諸煩惱者　過百三十劫　今乃得一見
諸飢渴衆生　以法雨充滿　昔所未曾見　無量智慧者
如優曇鉢羅　今日乃值遇　我等諸宮殿　蒙光故嚴飾
世尊大慈愍　唯願垂納受
尒時諸梵天王偈讚佛已各作是言唯願世尊
轉於法輪令一切世間諸天魔梵沙門婆
羅門皆獲安隱而得度脫時諸梵天王一心
同聲以偈頌曰

羅門皆獲安隱而得度脫時諸梵天王一心
同聲以偈頌曰
唯願天人尊　轉無上法輪　擊于大法鼓　而吹大法螺
普雨大法雨　度無量衆生　我等咸歸請　當演深遠音
尒時大通智勝如來默然許之西南方乃至
下方亦復如是尒時上方五百萬億國土諸大
梵王皆悉自覩所止宮殿光明威曜昔所未
有歡喜踊躍生希有心即各相詣共議此事
以何因緣我等宮殿有斯光明時彼衆中有
一大梵天王名曰尸棄為諸梵衆而説
偈言
今以何因緣　我等諸宮殿　威德光明曜　嚴飾未曾有
如是之妙相　昔所未聞見　為大德天生　為佛出世間
尒時五百萬億諸梵天王與宮殿俱各以衣

[illegible]
龍王乾闥婆緊那羅摩睺羅伽人非人等恭
敬圍繞及見十六王子請佛轉法輪時諸梵
天王頭面礼佛繞百千帀即以天華而散佛
上所散之華如須弥山并以供養佛菩提樹
華供養已各以宮殿奉上彼佛而作是言唯
見哀愍饒益我等所獻宮殿願垂納處時諸
梵天王即於佛前一心同聲以偈頌曰
善哉見諸佛　救世之聖尊　能於三界獄　勉出諸衆生
普智天人尊　哀愍群萌類　能開甘露門　廣度於一切
於昔無量劫　空過無有佛　世尊未出時　十方常闇瞑
三惡道增長　阿脩羅亦盛　諸天衆轉減　死多墮惡道
不從佛聞法　常行不善事　色力及智慧　斯等皆減少
罪業因緣故　失樂及樂想　住於邪見法　不識善儀則
不蒙佛所化　常墮於惡道　佛爲世間眼　久遠時乃出

不蒙佛所化　常墮於惡道　佛為世間眼　久遠時乃出
哀愍諸衆生　故現於世間　超出成正覺　我等甚欣慶
及餘一切衆　喜歎未曾有　我等諸宮殿　蒙光故嚴飾
今以奉世尊　唯垂哀納受　願以此功德　普及於一切
我等與衆生　皆共成佛道
尒時五百万億諸梵天王偈讃佛已各白佛
言唯願世尊轉於法輪多所安隱多所度脱
時諸梵天王而説偈言
世尊轉法輪　擊甘露法鼓　度苦惱衆生　開示涅槃道
唯願受我請　以大微妙音　哀愍而敷演　无量劫習法
尒時大通智勝如来受十方諸梵天王及十
六王子請即時三轉十二行法輪若沙門婆
羅門若天魔梵及餘世間所不能轉謂是苦

六入緣觸觸緣受受緣愛愛緣取取緣有有
緣生生緣老死憂悲苦惱无明滅則行滅行
滅則識滅識滅則名色滅名色滅則六入滅
六入滅則觸滅觸滅則受滅受滅則愛滅愛
滅則取滅取滅則有滅有滅則生滅生滅則
老死憂悲苦惱滅佛於天人大衆之中說是
法時六百万億那由他人以不受一切法故
而於諸漏心得解脫皆得深妙禪定三明六
通具八解脫第二第三第四說法時千万億
恒河沙那由他等衆生亦以不受一切法故
而於諸漏心得解脫從是已後諸聲聞衆无
量无邊不可稱數尒時十六王子皆以童子
出家而為沙弥諸根通利智慧明了已曾
供養百千万億諸佛淨脩梵行求阿耨多羅三

供養百千万億諸佛淨脩梵行求阿耨多羅三
藐三菩提俱白佛言世尊是諸无量千万億
大德聲聞皆已成就世尊亦當為我等說阿
耨多羅三藐三菩提法我等聞已皆共脩學
世尊我等志願如來知見深心所念佛自證
知尒時轉輪聖王所將衆中八万億人見十
六王子出家亦求出家王即聽許尒時彼佛
受沙弥請過二万劫已乃於四衆之中說是
大乘經名妙法蓮華教菩薩法佛所護念說
是經已十六沙弥為阿耨多羅三藐三菩提
故皆共受持諷誦利說是經時十六菩薩
沙弥皆悉信受聲聞衆中亦有信解其餘
衆生千万億種皆生疑惑佛說是經於八千劫

然禪定各升法座亦於八万四千劫爲四部
衆廣說分別妙法華經一一皆度六百万億
那由他恒河沙等衆生示教利喜令發阿耨
多羅三藐三菩提心大通智勝佛過八万
四千劫已從三昧起往詣法座安詳而坐普
告大衆是十六菩薩沙彌甚爲希有諸根通利
智慧明了已曾供養无量千万億數諸佛於
諸佛所常脩梵行受持佛智開示衆生令入
其中汝等皆當數數親近而供養之所以者
何若聲聞辟支佛及諸菩薩能信是十六菩
薩所說經法受持不毀者是人皆當得阿耨
多羅三藐三菩提如來之慧佛告諸比丘是
十六菩薩常樂說是妙法蓮華經一一菩薩
所化六百萬億那由他恒河沙等衆生世世所

十六菩薩常樂說是妙法蓮華經一一菩薩
所化六百萬億那由他恒河沙等衆生世世所
生與菩薩俱從其聞法悉皆信解以此因緣
得值四萬億諸佛世尊于今不盡諸比丘
我今語汝彼弟子十六沙弥今皆得阿耨
多羅三藐三菩提於十方國土現在說法有
無量百千萬億菩薩聲聞以爲眷屬其二沙
弥東方作佛一名阿閦在歡喜國二名須弥
頂東南方二佛一名師子音二名師子相南
方二佛一名虛空住二名常滅西南方二佛
一名帝相二名梵相西方二佛一名阿弥陁
二名度一切世間苦惱西北方二佛一名多
摩羅跋栴檀香神通二名須弥相北方二佛
一名雲自在二名雲自在王東北方佛名壞

等為沙彌時各各教化無量百千萬億恒河
沙等眾生從我聞法為阿耨多羅三藐三菩
提此諸眾生于今有住聲聞地者我常教化
阿耨多羅三藐三菩提是諸人等應以是法
漸入佛道所以者何如來智慧難信難解尒
時所化無量恒河沙等眾生者汝等諸比丘
及我滅度後未來世中聲聞弟子是也我滅
度後復有弟子不聞是經不知不覺菩薩所
行自於所得功德生滅度想當入涅槃我於
餘國作佛更有異名是人雖生滅度之想入
於涅槃而於彼土求佛智慧得聞是經唯以
佛乘而得滅度更無餘乘除諸如來方便說
法諸比丘若如來自知涅槃時到眾又清淨
信解堅固了達空法深入禪定便集諸菩薩

信解堅固了達空法深入禪定便集諸菩薩二
及聲聞衆為說是經世間無有二乘而得滅
度唯一佛乘得滅度耳比丘當知如來方便
深入衆生之性知其志樂小法深著五欲為
是等故說於涅槃是人若聞則便信受譬如
五百由旬險難惡道曠絕無人怖畏之處若
有多衆欲過此道至珎寶處有一導師聰慧
明達善知險道通塞之相將導衆人欲過此
難所將人衆中路懈退白導師言我等疲極
而復怖畏不能復進前路猶遠今欲退還導
師多諸方便而作是念此等可愍云何捨大
珎寶而欲退還作是念已以方便力於險道中
過三百由旬化作一城告衆人言汝等勿怖
莫得退還今此大城可於中止隨意所作
若入是城快得安隱若能前至寶所亦可得

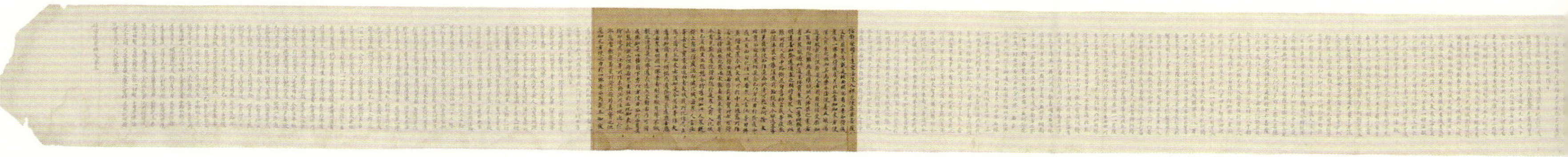

今者免斯惡道快得安隱於是衆人前入化城
生已度想生安隱想尒時導師知此人衆既
得止息無復疲惓即滅化城語衆人言汝
等去来寶處在近向者大城我所化作爲止
息耳諸比丘如来亦復如是今爲汝等作大
導師知諸生死煩惱惡道險難長遠應去應
度若衆生但聞一佛乘者則不欲見佛不欲
親近便作是念佛道長遠久受勤苦乃可得
成佛知是心怯弱下劣以方便力而於中道爲
止息故說二涅槃若衆生住於二地如来尒
時即便爲說汝等所作未辦汝所住地近於
佛慧當觀察籌量所得涅槃非真實也但
是如来方便之力於一佛乘分別說三如彼

是如來方便之力於一佛乘分別說三如彼
導師為止息故化作大城既知息已而告之
言寶處在近此城非實我化作耳尒時世尊
欲重宣此義而說偈言

大通智勝佛　十劫坐道場　佛法不現前　不得成佛道
諸天神龍王　阿脩羅眾等　常雨於天華　以供養彼佛
諸天擊天鼓　并作眾伎樂　香風吹萎華　更雨新好者
過十小劫已　乃得成佛道　諸天及世人　心皆懷踊躍
彼佛十六子　皆與其眷屬　千萬億圍繞　俱行至佛所
頭面禮佛足　而請轉法輪　聖師子法雨　充我及一切
世尊甚難值　久遠時一現　為覺悟群生　震動於一切
東方諸世界　五百萬億國　梵宮殿光曜　昔所未曾有
諸梵見此相　尋來至佛所　散華以供養　并奉上宮殿
請佛轉法輪　以偈而讚歎　佛知時未至　受請默然坐

三方及四維 上下亦復爾 散華奉宮殿 請佛轉法輪
世尊甚難值 願以大慈悲 廣開甘露門 轉無上法輪
無量慧世尊 受彼眾人請 為宣種種法 四諦十二緣
無明至老死 皆從生緣有 如是眾過患 汝等應當知
宣暢是法時 六百萬億姟 得盡諸苦際 皆成阿羅漢
第二說法時 千萬恒沙眾 於諸法不受 亦得阿羅漢
從是後得道 其數無有量 萬億劫算數 不能得其邊
時十六王子 出家作沙彌 皆共請彼佛 演說大乘法
我等及營從 皆當成佛道 願得如世尊 慧眼第一淨
佛知童子心 宿世之所行 以無量因緣 種種諸譬喻
說六波羅蜜 及諸神通事 分別真實法 菩薩所行道
說是法華經 如恒河沙偈 彼佛說經已 靜室入禪定
一心一處坐 八萬四千劫 是諸沙彌等 知佛禪未出
為無量億眾 說佛無上慧 各各坐法座 說是大乘經
於佛宴寂後 宣揚助法化 一一沙彌等 所度諸眾生

BD00193　妙法蓮華經卷三

一心一處坐　八萬四千劫　是諸沙彌等　知佛禪未出
為無量億衆　說佛無上慧　各各坐法座　說是大乘經
於佛宴寂後　宣揚助法化　一一沙彌等　所度諸衆生
有六百萬億　恒河沙等衆　彼佛滅度後　是諸聞法者
在在諸佛土　常與師俱生　是十六沙彌　具足行佛道
今現在十方　各得成正覺　爾時聞法者　各在諸佛所
其有住聲聞　漸教以佛道　我在十六數　曾亦為汝說
是故以方便　引汝趣佛慧　以是本因緣　今說法華經
令汝入佛道　慎勿懷驚懼　譬如險惡道　迴絕多毒獸
又復無水草　人所怖畏處　無數千萬衆　欲過此險道
其路甚曠遠　經五百由旬　時有一導師　強識有智慧
明了心決定　在險濟衆難　衆人皆疲惓　而白導師言
我等今頓乏　於此欲退還　導師作是念　此輩甚可愍
如何欲退還　而失大珍寶　尋時思方便　當設神通力

汝等入此城　各可隨所樂　諸人既入城　心皆大歡喜
皆生安隱想　自謂已得度　導師知息已　集衆而告言
汝等當前進　此是化城耳　我見汝疲極　中路欲退還
故以方便力　權化作此城　汝今勤精進　當共至寶所
我亦復如是　為一切導師　見諸求道者　中路而懈廢
不能度生死　煩惱諸險道　故以方便力　為息說涅槃
言汝等苦滅　所作皆已辦　既知到涅槃　皆得阿羅漢
尒乃集大衆　為說真實法　諸佛方便力　分別說三乘
唯有一佛乘　息處故說二　今為汝說實　汝所得非滅
為佛一切智　當發大精進　汝證一切智　十力等佛法
具三十二相　乃是真實滅　諸佛之導師　為息說涅槃
既知是息已　引入於佛慧

妙法蓮華經卷第三

既知是息已　引入於佛慧

妙法蓮華經卷第三

BD00194　無量壽宗要經（甲本）

BD00194v　寺院題名

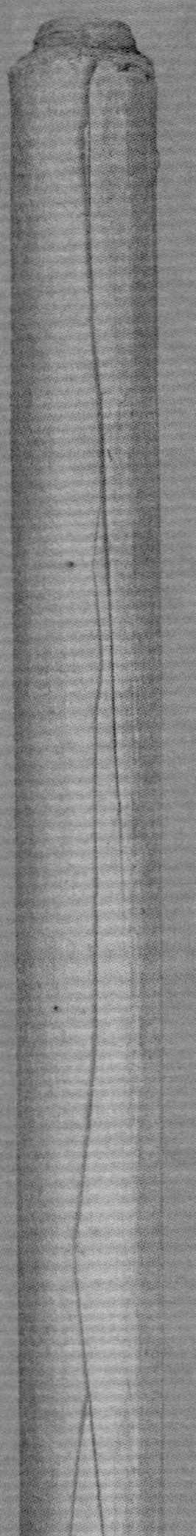

183cm × 31cm

大乘无量壽經

如是我聞一時薄伽梵在舍衛國祇樹給孤獨園與大苾芻僧千二百五十人大菩薩摩訶薩衆
俱同會坐。尒時世尊告曼殊室利童子曼殊上方有世界名无量功德聚彼土有佛号无
量智決定王如来阿羅訶三藐三菩提現為衆生開示說法曼殊諦聽南閻浮提人皆短
壽大限百年於中夭枉横死者衆曼殊如是无量壽如来功德名稱法要若有衆生得聞名
号若自書或使人書能為經卷受持讀誦若於舍宅所住之處以種種花鬘瓔珞塗香末香
而為供養如其命盡復得延年滿足百歲如是曼殊若有衆生得聞是无量壽智決定王如来一百八
名号者益其長壽若有衆生大命將盡憶念是如来名号更得增壽如是曼殊若有善男子善
女人欲求長壽於是无量壽如来一百八名号有得聞者或自書若使人書受持讀誦得如是等
果報福德具足陁羅尼曰　南謨薄伽勃底一　阿波唎蜜多二　阿喻紇硯娜三
須毗你悉指陁四　囉佐耶五　怛他羯他耶六　怛姪他唵七　薩婆桑悉迦囉八　鉢唎輸底九　達磨底十
伽迦娜十一　莎訶某特迦底十二　莎婆婆毗輸底十三　摩訶娜耶十四　波唎婆唎莎訶十五
世尊復告曼殊室利如是如来一百八名号若有自書或使人書為經卷受持讀誦如壽命

薩婆桒塞迦羅八鉢剌輸底九達磨底十伽迦娜十一莎訶某特迦底十二莎婆婆毗輸底十三
摩訶娜耶十四波剌婆囉莎訶十五介時有九十九姟佛等一時同聲
說是无量壽宗要經陁羅尼日南謨薄伽勃底一阿波剌蜜哆二阿喻紇硯娜三
須毗你恚指陁四囉羅佐耶五怛他羯他耶六怛姪他唵七薩婆桒塞迦囉八鉢剌輸底九達磨底十
伽迦娜十一莎訶某特迦底十二莎婆婆毗輸底十三摩訶娜耶十四波剌婆剌莎訶十五
介時復有一百四姟佛一時同聲說是无量壽宗要經陁羅尼日
南謨薄伽勃底一阿波剌蜜哆二阿喻紇硯娜三須毗你恚指陁四囉羅佐耶五怛他羯他耶六怛姪他唵七
薩婆桒塞迦囉八波剌輸底九達磨底十伽迦娜十一莎訶某特迦底十二薩婆婆毗輸底十三
摩訶娜耶十四波剌婆囉莎訶十五介時復有七姟佛一時同聲
說是无量壽宗要經陁羅尼日南謨薄伽勃底一阿波剌蜜哆二阿喻紇
硯娜三須毗你恚指陁四囉羅佐耶五怛他羯他耶六怛姪他唵七薩婆桒塞迦囉八波剌輸底九達磨
底十伽迦娜十一莎訶某特迦底十二薩婆婆毗輸底十三摩訶娜耶十四波剌婆囉莎訶十五
介時復有六十五姟佛一時同聲說是无量壽宗要經陁羅尼日
南謨薄伽勃底一阿波剌蜜哆二阿喻紇硯娜三須毗你恚指陁四囉羅佐耶五怛他羯他耶六怛姪他唵七
薩婆桒塞迦羅八波剌輸底九達磨底十伽迦娜十一莎訶某特迦底十二莎婆婆毗輸底十三
摩訶娜耶十四波剌婆囉莎訶十五介時復有五十五姟佛一時同聲
說是无量壽宗要經陁羅尼日南謨薄伽勃底一阿波剌蜜哆二阿喻紇硯娜三

說是无量壽宗要經陁羅尼曰
南謨薄伽勃底一阿波唎蜜哆二阿喻紇硯娜三
須毗你恙指陁四囉佐耶五怛他羯他耶六怛姪他唵七薩婆桒恙迦羅八波唎輸底九達磨底十
伽迦娜十一莎訶某特迦底十二薩婆婆毗輸底十三摩訶娜耶十四波唎婆囉莎訶十五
尒時復有四十五姟佛一時同聲說是无量壽宗要經陁羅尼曰
南謨薄伽勃底一阿波唎蜜哆二阿喻紇硯娜三須毗你恙指陁四囉佐耶五怛他羯他耶六怛姪他唵七
薩婆桒恙迦羅八波唎輸底九達磨底十伽迦娜十一莎訶某特迦底十二薩婆婆毗輸底十三
摩訶娜耶十四波唎婆囉莎訶十五
尒時復有三十六姟佛一時同聲說
是无量壽宗要經陁羅尼曰
南謨薄伽勃底一阿波唎蜜哆二阿喻紇硯娜三
須毗你恙指陁四囉佐耶五怛他羯他耶六怛姪他唵七薩婆桒恙迦囉八波唎輸底九達磨底十
伽迦娜十一莎訶某特迦底十二薩婆婆毗輸底十三摩訶娜耶十四波唎婆囉莎訶十五
尒時復有二十五姟佛一時同聲說是无量壽宗要經陁羅尼曰
南謨薄伽勃底一阿波唎蜜哆二阿喻紇硯娜三須毗你恙指陁四囉佐耶五怛他羯他耶六怛姪他唵七
薩婆桒恙迦羅八波唎輸底九達磨底十伽迦娜十一莎訶某特迦底十二薩婆婆毗輸底十三
摩訶娜耶十四波唎婆囉莎訶十五
尒時復有恒河沙姟佛一時同聲
說是无量壽宗要經陁羅尼曰
南謨薄伽勃底一阿波唎蜜哆二阿喻紇硯娜三
須毗你恙指陁四囉佐耶五怛他羯他耶六怛姪他唵七薩婆桒恙迦羅八波唎輸底九達磨底十
伽迦娜十一莎訶某特迦底十二薩婆婆毗輸底十三摩訶娜耶十四波唎婆囉莎訶十五

須毗你悉指陁四囉佐耶五怛他羯他耶六怛姪他唵七薩婆桒悉迦囉八波唎輸底九達磨底十
伽迦娜十一莎訶某特迦底十二薩婆婆毗輸底十三摩訶娜耶十四波唎婆曬莎訶十五
若有自書教人書寫是无量壽宗要經讀誦受持畢竟不墮地獄在在
所生得宿命智陁羅尼曰
南謨薄伽勃底一阿波唎蜜哆二阿喻紇硯娜三
須毗你悉指陁四囉佐耶五怛他羯他耶六怛姪他唵七薩婆桒悉迦羅八波唎輸底九達磨底十
伽迦娜十一莎訶某特迦底十二薩婆婆毗輸底十三摩訶娜耶十四波唎婆曬莎訶十五
若有自書教人書寫是无量壽宗要經受持讀誦如同書寫八万四千一
切經典陁羅尼曰
南謨薄勃底一阿波唎蜜哆二阿喻紇硯娜三
須毗你悉指陁四囉佐耶五怛他羯他耶六怛姪他唵七薩婆桒悉迦囉八波唎輸底九達磨底十
伽迦娜十一莎訶某特迦底十二薩婆婆毗輸底十三摩訶娜耶十四波唎婆曬莎訶十五
若有自書寫教人書寫是无量壽宗要經即是書寫八万四千部建立
塔廟陁羅尼曰
南謨薄伽勃底一阿波唎蜜哆二阿喻紇硯娜三
須毗你悉指陁四囉佐耶五怛他羯他耶六怛姪他唵七薩婆桒悉迦囉八波唎輸底九達磨底十
伽迦娜十一莎訶某特迦底十二薩婆婆毗輸底十三摩訶娜耶十四波唎婆曬莎訶十五
若有自書寫教人書寫是无量壽宗要經能清五无間等一切重罪陁羅尼曰
南謨薄伽勃底一阿波唎蜜哆二阿喻紇硯娜三須毗你悉指陁四囉佐耶五怛他羯他耶六怛姪他唵七

南謨薄伽勃底一阿波唎蜜哆二阿喻紇硯娜三須毗你悉指陀四囉佐耶五怛他羯他耶六怛姪他唵七
薩婆桑悉迦囉八波唎輸底九達磨底十伽迦娜十一莎訶某持迦底十二薩婆婆毗輸底十三
摩訶娜耶十四波唎婆囉莎訶十五　若有自書寫教人書寫是无量壽宗要經受
持讀誦設有重罪猶如須弥盡能除滅陀羅尼日　南謨薄伽勃底一阿波唎蜜哆二阿喻紇
硯娜三須毗你悉指陀四囉佐耶五怛他羯他耶六怛姪他唵七薩婆桑悉迦囉八波唎輸底九達
磨底十伽迦娜十一莎訶某持迦底十二薩婆婆毗輸底十三摩訶娜耶十四波唎婆囉莎訶十五
若有自書寫教人書寫是无量壽宗要經受持讀誦若魔魔之眷屬夜叉羅
刹不得其便終无枉死陀羅尼日　南謨薄伽勃底一阿波唎蜜哆二阿喻紇硯娜三
須毗你悉指陀四囉佐耶五怛他羯他耶六怛姪他唵七薩婆桑悉迦囉八波唎輸底九達磨底十
伽迦娜十一莎訶某持迦底十二薩婆婆毗輸底十三摩訶娜耶十四波唎婆囉莎訶十五
若有自書教人書寫是无量壽宗要經受持讀誦當命終時有九十九姟佛現其人前來千佛
授手能遊一切佛刹莫於此經生於疑惑陀羅尼日　南謨薄伽勃底一阿波唎蜜哆二阿喻
紇硯娜三須毗你悉指陀四囉佐耶五怛他羯他耶六怛姪他唵七薩婆桑悉迦囉八波唎輸底九達磨底十
伽迦娜十一莎訶某持迦底十二薩婆婆毗輸底十三摩訶娜耶十四波唎婆囉莎訶十五
若有自書寫教人書寫是无量壽宗要經受持讀誦常得四天大王隨其
衛護陀羅尼日　南謨薄伽勃底一阿波唎蜜哆二阿喻紇硯娜三

若有自書教人書寫是无量壽宗要經受持讀誦當得往生西方極樂世界
阿弥陁淨土陁羅尼曰　南謨薄伽勃底一阿波唎蜜哆二阿喻紇硯娜三
須毗你悉指陁四囉佐耶五怛他羯他耶六怛姪他唵七薩婆桑悉迦囉八波唎輸底九達磨底十
伽迦娜十一莎訶其特迦底十二薩婆婆毗輸底十三摩訶娜耶十四波唎婆曬莎訶十五
若有方所自書寫使人書寫是无量壽經典之處則為是塔皆應恭敬作礼若是畜生或為鳥
獸得聞是經如是等類皆當不久得成一切種智陁羅尼曰
南謨薄伽勃底一阿波唎蜜哆二阿喻紇硯娜三須毗你悉指陁四囉佐耶五怛他羯他耶六怛姪他唵七
薩婆桑悉迦囉八波唎輸底九達磨底十伽迦娜十一莎訶其特迦底十二薩婆婆毗輸底十三
摩訶娜耶十四波唎婆曬莎訶十五　若有於是无量壽經自書寫若使人
書畢竟不受女人之身陁羅尼曰　南謨薄伽勃底一阿波唎蜜哆二阿喻紇硯娜三
須毗你悉指陁四囉佐耶五怛他羯他耶六怛姪他唵七薩婆桑悉迦囉八波唎輸底九達磨底十
伽迦娜十一莎訶其特迦底十二薩婆婆毗輸底十三摩訶娜耶十四波唎婆曬莎訶十五
若有能於是經少分能惠施者等於三千大千世界滿中七寶布施陁羅尼曰
南謨薄伽勃底一阿波唎蜜哆二阿喻紇硯娜三須毗你悉指陁四囉佐耶五怛他羯他耶六怛姪他唵七
薩婆桑悉迦囉八波唎輸底九達磨底十伽迦娜十一莎訶其特迦底十二薩婆婆毗輸底十三
摩訶娜耶十四[illegible]十五

薩婆桒悉迦羅八波唎輸底九達磨底十伽迦娜十一莎訶某特迦底十二莎婆婆毗輸底十三
摩訶娜耶十四波唎婆囉莎訶十五 若有能供養是經者則是供養
一切諸經等无有異陁羅尼曰 南謨薄伽勃底一阿波唎蜜哆二阿喻紇硯娜三
須毗你悉指陁四囉佐耶五怛他羯他耶六怛姪他唵七薩婆桒悉迦羅八波唎輸底九達磨底十
伽迦娜十一莎訶某特迦底十二薩婆婆毗輸底十三摩訶娜耶十四波唎婆囉莎訶十五
如是毗婆尸佛 尸棄佛 毗舍浮佛 俱留孫佛 俱那含牟尼佛 加葉佛 釋迦牟尼佛
若有人以七寶供養如是七佛其福有限書寫受持是无量壽經典所有功德不可限量陁羅尼曰
南謨薄伽勃底一阿波唎蜜哆二阿喻紇硯娜三須毗你悉指陁四囉佐耶五怛他羯他耶六怛姪他唵七薩婆桒悉迦羅八波
唎輸底九達磨底十伽迦娜十一莎訶某特迦底十二薩婆婆毗輸底十三摩訶娜耶十四波唎婆囉莎訶十五
若有七寶等於須弥以用布施其福上能知其限量是无量壽經典其福不可知數陁羅尼曰
南謨薄伽勃底一阿波唎蜜哆二阿喻紇硯娜三須毗你悉指陁四囉佐耶五怛他羯他耶六怛姪他唵七薩婆桒悉迦羅八波
唎輸底九達磨底十伽迦娜十一莎訶某特迦底十二薩婆婆毗輸底十三摩訶娜耶十四波唎婆囉莎訶十五
如是四大海水可知滴數是无量壽經典所生果報不可數量陁羅尼曰
南謨薄伽勃底一阿波唎蜜哆二阿喻紇硯娜三須毗你悉指陁四囉佐耶五怛他羯他耶六怛姪他唵七薩婆桒悉迦羅八波
唎輸底九達磨底十伽迦娜十一莎訶某特迦底十二薩婆婆毗輸底十三摩訶娜耶十四波唎婆囉莎訶十五
若有自書使人書寫是无量壽經典又能護持供養即如恭敬供養一切十方佛土如來无有別異陁羅尼日

布施力能成正覺　悟布施力人師子　布施力能聲聞　慈悲階漸最能入

持戒力能成正覺　悟持戒力人師子　持戒力能聲聞　慈悲階漸最能入

忍辱力能成正覺　悟忍辱力人師子　忍辱力能聲聞　慈悲階漸最能入

精進力能成正覺　悟精進力人師子　精進力能聲聞　慈悲階漸最能入

禪定力能成正覺　悟禪定力人師子　禪定力能聲聞　慈悲階漸最能入

智慧力能成正覺　悟智慧力人師子　智慧力能聲聞　慈悲階漸最能入

尒時如來說是經已一切世間天人阿脩羅揵闥婆等聞佛所說皆大歡喜信受奉行

佛說无量壽宗要經

張略沒藏寫

BD00194　無量壽宗要經（甲本）

金

BD00194v　寺院題名

BD00195 金剛般若波羅蜜經

（後秦）鳩摩羅什 譯

82.1cm × 24.8cm

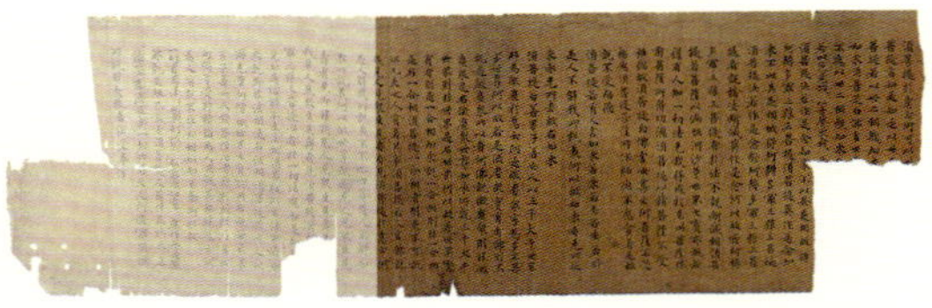

須菩提於意云何可以卅
菩提言如是如是以卅二
菩提若以卅二相觀如來
如來須菩提白佛言世尊
不應以卅二相觀如來
若以色見我 以音聲求我 是
須菩提汝若作是念如來不以具足相故得
阿耨多羅三藐三菩提須菩提莫作是念如
來不以具足相故得阿耨多羅三藐三菩提
須菩提汝若作是念發阿耨多羅三藐三菩
提者說諸法斷滅莫作是念何以故發阿耨
多羅三藐三菩提者於法不說斷滅相須菩
提若菩薩以滿恒河沙等世界七寶布施若
復有人知一切法无我得成於忍此菩薩勝
前菩薩所得功德須菩提以諸菩薩不受

福德須菩提菩薩所作福德不應貪著是故
說不受福德
須菩提若有人言如來若來若去若坐若卧
是人不解我所說義何以故如來者无所從
來亦无所去故名如來
須菩提若善男子善女人以三千大千世界
碎為微塵於意云何是微塵衆寧為多不甚
多世尊何以故若是微塵衆實有者佛則不
說是微塵衆所以者何佛說微塵衆則非微
塵衆是名微塵衆世尊如來所說三千大千
世界則非世界是名世界何以故若世界實
有者則是一合相如來說一合相則非一合相
是名一合相須菩提一合相者則是不可說
但凡夫之人貪著其事須菩提若人言佛說
我見人見衆生見壽者見須菩提於意云何

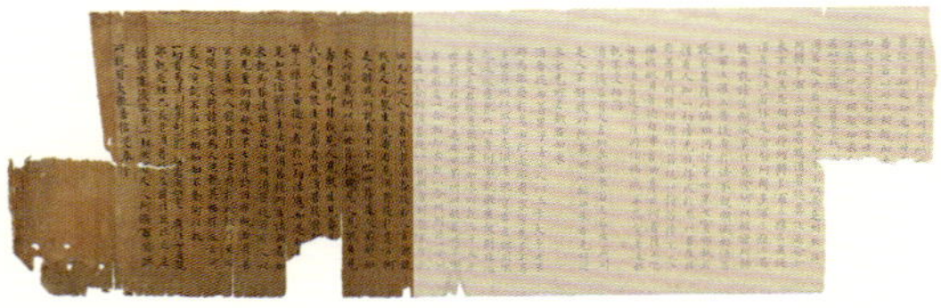

但凡夫之人貪著其事須菩提若人言佛說
我見人見衆生見壽者見須菩提於意云何
是人解我所說義不不世世尊是人不解如
来所說義何以故世尊說我見人見衆生見
壽者見即非我見人見衆生見壽
我見人見衆生見壽者見須菩提發
羅三狼三菩提心者於一切法應如是知
見如是信解不生法相須菩提所言法相者如
来說即非法相是名法相須菩提若有人以
滿无量阿僧祇世界七寶持用布施若有善
男子善女人發菩薩心者持於此經乃至四
句偈等受持讀誦為人演說其福勝彼云何
為人演說不取於相如如不動何以故
一切有為法　如夢幻泡影　如露亦如電　應作如是觀
佛說是經已長老須菩提及諸比丘比丘尼

BD00196 合部金光明經（异卷）卷八

（隋）寶貴 合

BD00196v 雜寫

714.1cm × 25cm

枯涸有十千魚爲日所炙今日困厄將死
不久唯願大王借廿大象令得負水濟彼魚
命如我與諸病人壽命尒時大王即勑大臣
速疾供給尒時大臣奉王告勑語是長者善
哉大士汝今自可至象廄中隨意選取利益
衆生令得快樂是時流水及其二子將廿大
象從治城人借索皮囊疾至彼河上流決處
盛水象負馳疾奔還至空澤池從象背上下
其囊水寫置池中水遂彌滿還復如本時長
者子於池四邊彷徉而行是魚尒時亦復隨
逐循岸而行時長者子復作是念是魚何緣
隨我而行是魚必為飢火所惱復欲從我求
索飲食我今當與善女天尒時流水長者子

之分及以妻子奴婢之分一切聚集悉載為
上急速来還尒時二子如父教勑乘取大為
往至家中白其祖父說如上事尒時二子收
取家中可食之物載為背上疾還父所至空
澤池時長者子見其子還心生歡喜踊躍无
量從子邊取飲食之物散著池中與魚食已
即自思惟我今已能與此魚食令其飽滿未
来之世當施法食復更思惟曾聞過去空閑
之處有一比丘讀誦大乘方等經典其經中
說若有衆生臨命終時得聞寶勝如来名号
即生天上我今當為是十千魚解說甚深十
二因緣亦當稱說寶勝佛名時閻浮提中有
二種人一者深信大乘方等二者毀呰不生
信樂時長者子作是思惟我今當入池水之

信樂時長者子作是思惟我今當入池水之
中爲是諸魚説深妙法思惟是已即便入水
作如是言南无過去寶勝如來應供正遍知
明行足善逝世間解无上士調御丈夫天人師
佛世尊寶勝如來本往昔時行菩薩道作是
誓願若有衆生於十方界臨命終時聞我名
者當令是輩即命終已尋得上生三十三天
尒時流水復爲是魚解説如是甚深妙法所
謂无明緣行行緣識識緣名色名色緣六入
六入緣觸觸緣受受緣愛愛緣取取緣有有
緣生生緣老死憂悲苦聚善女天尒時流水
長者子及其二子説是法已即共還家是長
者子復於後時賓客聚會醉酒而卧尒時其
地卒大震動時十千魚同日命終即命終已

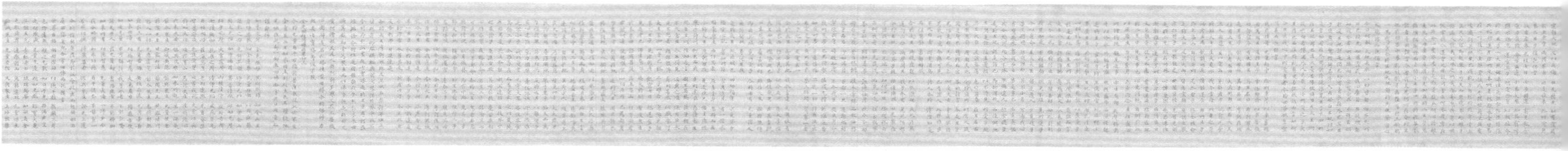

先於閻浮提内墮畜生中受於魚身流水長
者與我等水及以飲食復爲我等解説甚深
十二因緣并稱寶勝如来名号以是因緣令
我等輩得生此天是故我等今當往至長者
子所報恩供養尒時十千天子從忉利天下
閻浮提王流水長者子大醫王家時長者子
在樓屋上露卧眠睡是十千天子以十千真
珠天妙瓔珞置其頭邊復以十千置其足邊
復以十千置右脅邊復以十千置左脅邊雨
曼陁羅華摩訶曼陁羅華積至于膝種種天
樂出妙音聲閻浮提中有睡眠者皆悉覺寤
流水長者子亦從睡寤是十千天子於上空
中飛騰遊行於天自在光王國内處處皆雨

中飛騰遊行於天自在光王國内處處皆雨
天妙蓮華是諸天子復至本處空澤池所復
雨天華便從此没還忉利宮隨意自在受天
五欲時閻浮提過是夜已天自在光王問諸
大臣今夜何緣示現如是浄妙瑞相有大光明
大臣荅王大王當知忉利諸天於流水長者
子家雨四十千真珠瓔珞及不可計曼陁羅
華王即告臣卿可往至彼長者子所善言誘
喻喚令使来大臣受勑即至其家宣王教令
喚是長者是時長者尋至王所王問長者何緣
示現如是瑞相長者子言我必定知是十千
魚其命已終時大王言今可遣人審實是事
尒時流水尋遣其子至彼池所看是諸魚死
活定實尒時其子聞是語已向於彼池既至

彼諸魚等悉已命終尒時流水知是事已復
往王所作如是言是十千魚悉皆命終王聞
是已心生歡喜尒時世尊告道場菩提樹神
善女天欲知尒時流水長者子者今我身是
長子水空今羅睺羅是次子水藏今阿難是
時十千魚者今十千天子是是故我今為其
授阿耨多羅三藐三菩提記尒時樹神現半
身者今汝身是

金光明經捨身品第廿二

尒時道場菩提樹神復白佛言世尊我聞世
尊過去脩行菩薩道時具受无量百千苦行
捐捨身命肉血骨髓唯願世尊少說往昔苦
行因緣為利衆生受諸快樂尒時世尊即現
神足神足力故令此大地六種震動於大講

行因緣為利衆生受諸快樂尒時世尊即現
神足神足力故尒此大地六種震動於大講
堂衆會之中有七寶塔從地踊出衆寶羅網
弥覆其上尒時大衆見是事已生希有心尒
時世尊即從座起礼拜是塔恭敬圍遶還就
本坐尒時道場菩提樹神白佛言世尊如來
世雄出現於世常為一切之所恭敬於諸衆
生最勝最尊何因緣故礼拜是塔佛言善女
天我本脩行菩薩道時我身舍利安此是塔
因由是身令我早成阿耨多羅三藐三菩提
尒時佛告尊者阿難汝可開塔取中舍利示
此大衆是舍利者乃是无量六波羅蜜功德
所薰尒時阿難聞佛教勅即往塔所礼拜供
養開其塔戶見其塔中有七寶函以手開函

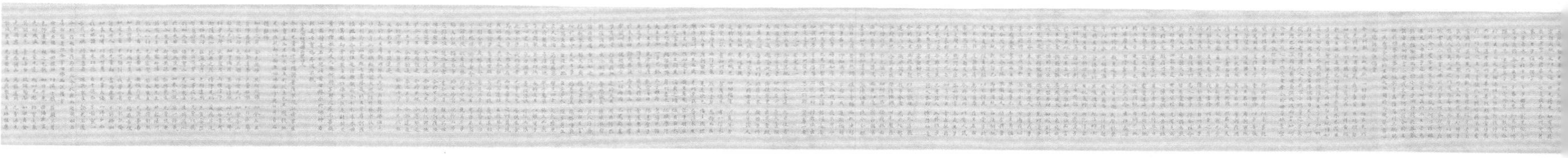

身舍利尒時阿難即舉寶函還至佛所持以
上佛尒時佛告一切大衆汝等今可礼是
舍利此舍利者是戒定慧之所薫脩甚難可
得最上福田尒時大衆聞是語已心懷歡喜
即從座起合掌恭敬頂礼菩薩大士舍利尒
時世尊欲為大衆斷疑網故說是舍利往昔
因緣阿難過去之世有王名曰摩訶羅陁脩
行善法善治國土无有怨敵時有三子端正
微妙形色殊特威德第一第一太子名摩訶
波那羅次子名曰摩訶提婆小子名曰摩訶
薩埵是三王子於諸園林遊戲觀看次第漸
到一大竹林憩駕止息第一王子作如是言
我於今日心甚怖懼於是林中將无衰損第
二王子復作是言我於今日不自惜身但離

BD00196　合部金光明經（异卷）卷八

我於今日心甚怖懅於是林中將无棄捐第
二王子復作是言我於今日不自惜身但離
所愛心憂愁耳第三王子復作是言我於今
日獨无怖懅亦无愁惱山中空寂神仙所讚
是處閑靜能令行人安隱受樂時諸王子說
是語已轉復前行見有一虎適產七日而有
七子圍遶周帀飢餓窮悴身體羸損命欲
將絶第一王子見是虎已作如是言恠哉此虎
產來七日七子圍遶不得求食若為飢逼必
還噉子第三王子言此虎經常所食何物第
一王子言此虎唯食新熱肉血第三王子言
君等誰能與此虎食第二王子言此虎飢餓
身體羸瘦窮困頓之餘命无幾不容餘處為
其求食設餘求者命必不濟誰能為此不惜

放捨智慧薄少故於是事而生驚怖若諸大
士欲利益他生大悲心為衆生者捨此身命
不足為難時諸王子心大愁憂久住視之目
未曾捨作是觀已尋便離去尒時第三王子
作是念言我今捨身時已到矣何以故我從
昔来多棄是身都无所為亦常愛護處之屋
宅又復供給衣服飲食卧具醫藥象馬車乘
隨時將養令无所乏而不知恩反生怨害然
復不免无常敗壞復次是身不堅无所利益
可惡如賊猶若行廁我於今日當使此身作
无上業於生死海中作大橋梁復次若捨此
身則捨无量癰疽癩疾百千怖畏是身唯有
大小便利是身不堅如水上沫是身不淨多

大小便利是身不堅如水上沫是身不淨多
諸虫户是身不淨筋纏血塗皮骨髓腦共相
連持如是觀察甚可患猒是故我今應當捨
離以求寂滅无上涅槃永離憂患无常變異
生死休息无諸塵累无量禪定智慧功德具
足成就微妙法身百福莊嚴諸佛所讚證成
如是无上法身與諸衆生无量法樂是時王
子勇猛堪任作是大願以上大悲薰脩其心
慮其二兄心懷怖懼或恐固遮為作留難即
便語言兄等今者可與眷屬還其所止尒時
王子摩訶薩埵還至虎所脫身衣裳置竹枝
上作是誓言我今為利諸衆生故證於㝡勝
无上道故大悲不動捨難捨故為求菩提智
所讚故欲度三有諸衆生故滅生死怖衆惱

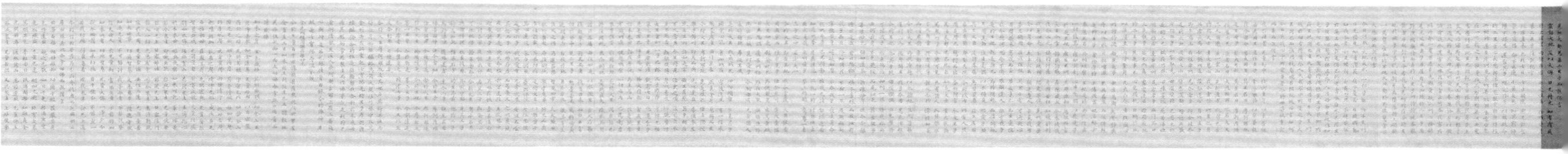

作如是念言虎今羸瘦身无勢力不能得我
身血肉食即起求刀周遍求之了不能得即
以乾竹刺頸出血於高山上投身虎前是時
大地六種震動日无精光如羅睺羅阿脩羅
王捉持鄣蔽又雨雜華種種妙香時虛空中
有諸餘天見是事已心生歡喜未曾有讚言
善哉善哉大士汝今真是行大悲者為衆生
故能捨難捨於諸學人第一勇健汝已為
得諸佛所讚常樂住處不久當證无惱无熱
清涼涅槃是虎尒時見血流出汙王子身即
便舐血噉食其肉唯留餘骨尒時第一王子
見地大動為第二王子而說偈言
震動大地　及以大海　日无精光　如有覆蔽
於上虛空　雨衆華香　必是我弟　捨所愛身

震動大地　及以大海　日无精光　如有霞蔽
於上虛空　雨諸華香　必是我弟　捨所愛身
第二王子復說偈言
彼虎產來　已經七日　七子圍遶　窮无飲食
氣力羸損　命不云遠　小弟大悲　知其窮悴
懼不堪忍　還食其子　恐定捨身　以救彼命
時二王子心大悲怖涕泣悲歎容貌憔悴復
共相將還至虎所見弟所著被服衣裳皆悉
在一竹枝之上骸骨髮爪布散狼藉流血處
處遍汙其地見已悶絕不自勝持投身骨上
良久乃寤即起舉手呼天而哭我弟幼稚才
能過人特為父母之所愛念奄忽捨身以餧
餓虎我今還宮父母設問當云何答我寧在
此并命一處不忍見是骸骨髮爪何心捨離

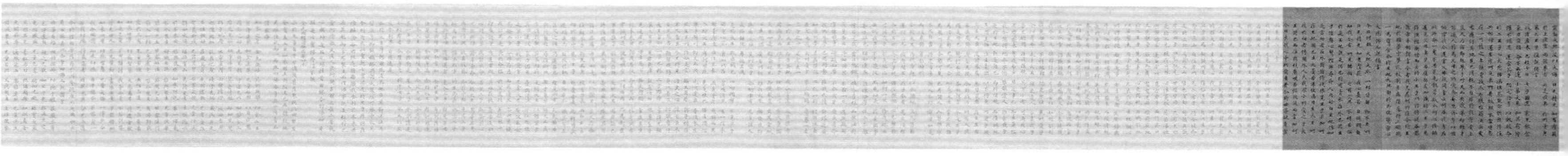

諸方互相謂言今者我天爲何所在尒時王
妃於睡夢中夢乳被割牙齒墮落得三鴿鶵
一爲鷹鳥食尒時王妃大地動時即便驚寤心
大愁怖而說偈言
今日何故　大地大水　一切皆動　物不安所
日无精光　如有霞蔽　我心憂苦　目瞤瞤動
如我今者　所見瑞相　必有災異　不祥苦惱
於是王妃說是偈已時有青衣在外已聞王
子消息心驚惶怖尋即入內啓白王妃作如
是言向者在外聞諸侍從推覓王子不知所
在王妃聞已生大憂苦涕泣滿目至大王所
我於向者傳聞外人失我冣小所愛之子大
王聞已而復悶絕悲哽苦惱收淚而言如何
今日失我心中所愛重者尒時世尊欲重宣

今日失我心中所愛重者尒時世尊欲重宣
此義而說偈言
我於往昔　无量劫中　捨所重身　以求菩提
若為國王　及作王子　常捨難捨　以求菩提
我念宿命　有大國王　其王名曰　摩訶羅陁
是王有子　能大布施　其子名曰　摩訶薩埵
復有二兄　長者名曰　大波那羅　次名大天
三人同遊　至一空山　見新產虎　飢窮无食
時勝大士　生大悲心　我今當捨　所重之身
此虎或為　飢餓所逼　儻能還食　自所生子
即上高山　自投虎所　為令虎子　得全性命
是時大地　及諸大山　皆悉震動　驚諸虫獸
虎狼師子　四散馳走　世間皆闇　无有光明
是時二兄　故在竹林　心懷憂惱　愁苦涕泣

時二王子　見是事已　心更悶絕　自躃於地
以灰塵土　自塗全身　忘失正念　生狂癡心
所將侍從　覩見是事　亦生悲慟　失聲號哭
手以冷水　共相噴灑　然後蘇息　而復得起
是時王子　當捨身時　正值後宮　妃后綵女
眷屬五百　共相娛樂　王妃是時　兩乳汁出
一切枝節　痛如針刺　心生愁惱　以喪愛子
於是王妃　疾至王所　其聲微細　悲泣而言
大王今當　諦聽諦聽　憂愁盛火　今來燒我
我今二乳　俱時汁出　身體苦切　如被針刺
我見如是　不祥瑞相　恐更不復　見所愛子
今以身命　奉上大王　願速遣人　求覓我子
夢三鴿鶵　在我懷抱　其最小者　可適我心

BD00196　合部金光明經（异卷）卷八

夢三鴿鶵　在我懷抱　其冣小者　可適我心
有鷹飛来　奪我而去　夢是事已　即生憂惱
我今愁怖　恐命不濟　唯願遣人　推求我子
是時王妃　說是語已　即時悶絶　而復擗地
王聞是語　復生憂惱　以不得見　所愛子故
其王大臣　及諸眷屬　悉皆聚集　在王左右
哀哭悲號　聲動天地　尒時城内　所有人民
聞是聲已　驚愕而出　各相謂言　今是王子
為活来耶　為已死亡　如是大士　常出軟語
為衆所愛　今難可見　已有諸人　入林推求
不久自當　得定消息　諸人尒時　慞惶如是
而復悲號　哀動神祇
尒時大王　即從座起　以水灑妃　良久乃穌
還得正念　微聲問王　我子今者　為死活耶

云何我身　不先萎沒　而見如是　諸苦惱事
善子妙色　猶如蓮華　誰壞汝身　使令分離
將非是我　昔日怨讎　挾本業緣　而殺汝邪
我子面目　淨如滿月　不圖一旦　遇斯禍對
寧使我身　碎破如塵　不令我子　喪失身命
我所見夢　已為得報　值我无情　能堪是苦
如我所夢　牙齒墮落　二乳一時　汁自流出
必定是我　失所愛子　夢三鴿鶵　鷹奪一去
三子之中　必定失一
尒時大王　即告其妃　我今當遣　大臣使者
周遍東西　推求覓子　汝今且可　莫大憂惱
大王如是　慰喻妃已　即便嚴駕　出其宮殿
心生愁惱　憂苦所切　雖在大衆　顏貌憔悴
即出其城　覓所愛子　尒時亦有　无量諸人

心生愁惱　憂苦所切　雖在大衆　顔貌憔悴
即出其城　覓所愛子　尒時亦有　无量諸人
哀號動地　尋從王後
是時大王　既出城已　四向顧望　求覓其子
煩寃心亂　靡知所在　前後遥見　有一信來
頭蒙塵土　血汙其衣　灰坌塗身　悲號而至
尒時大王　摩訶羅陁　見是使已　倍生懊惱
舉手號叫　仰天而哭　先所遣臣　尋復來至
既至王所　作如是言　願王莫愁　諸子猶在
不久當至　令王得見　須臾之頃　復有臣來
見王愁苦　顔貌憔悴　身所著衣　垢膩塵汙
大王當知　一子已終　二子雖存　哀悴无賴
第三王子　見虎新産　飢窮七日　恐還食子
見是虎已　深生悲心　發大誓願　當度衆生

唯有骸骨 狼藉在地 是時大王 聞臣語已
轉復悶絶 失念躃地 憂愁盛大 熾然其身
諸臣眷屬 亦復如是 以水灑王 良久乃穌
復起舉手 號天而哭 復有臣來 而白王言
向於林中 見二王子 愁憂苦毒 悲號啼哭
迷悶失志 自投於地 臣即求水 灑其身上
良久之頃 乃還穌息 望見四方 大火熾然
扶持暫起 尋復躃地 舉手悲哀 號天而哭
乍復讚歎 其弟功德 是時大王 以離愛子
其心迷沒 氣力惙然 憂惱涕泣 并復思惟
是㝡小子 我所愛重 无常大鬼 奄便吞食
其餘二子 今雖存在 而為憂火 之所焚燒
或能為是 喪失命根 我宜速往 至彼林中
迎載諸子 急還宮殿 其母在後 憂苦逼切

迎載諸子　急還宫殿　其母在後　憂苦逼切
心肝分裂　或能失命　若見二子　慰喻其心
可使終保　餘年壽命　尒時大王　駕乘名象
與諸侍從　欲至彼林　即於中路　見其二子
號天扣地　稱弟名字　時王即前　抱持二子
悲號涕泣　隨路還宫　速令二子　覲見其母
佛告樹神　汝今當知　尒時王子　摩訶薩埵
捨身餧虎　今我身是　尒時大王　摩訶羅陁
於今父王　輸頭檀是　尒時王妃　今摩耶是
第一王子　今弥勒是　第二王子　今調達是
尒時虎者　今瞿夷是　時虎七子　今五比丘
及舍利弗　目揵連是
尒時大王摩訶羅陁及其妃后悲號涕泣悲
皆脱身御服瓔珞與諸大衆往竹林中收其

過筭數劫常為衆生而作佛事説是經時无
量阿僧祇天及人發阿耨多羅三藐三菩提
心樹神是名礼塔往昔因緣尒時佛神力
故是七寶塔即沒不現

金光明經讃佛品第廿三

尒時无量百千万億諸菩薩衆從此世界至
金寶蓋山王如来國土到彼土已五體投地
為佛作礼却一面立向佛合掌異口同音而
讃歎佛

如来之身　金色微妙　其明照曜　如金山王
身淨柔軟　如金蓮華　无量妙相　以自莊嚴
隨形之好　光飾其體　淨潔无比　如紫金山
圓足无垢　如淨滿月　其音清徹　妙如梵聲
師子吼聲　大雷震聲　六種清淨　微妙音聲

圓足无垢　如淨滿月　其音清徹　妙如梵聲
師子吼聲　大雷震聲　六種清淨　微妙音聲
迦陵頻伽　孔雀之聲　清淨无垢　威德具足
百福相好　莊嚴其身　光明遠照　无有齊限
智慧寂滅　无諸愛習　世尊成就　无量功德
譬如大海　須弥寶山　為諸衆生　生憐愍心
於未來世　能與快樂　如來所說　第一深義
能令衆生　寂滅安隱　能與衆生　无量快樂
能演无上　甘露妙法　能開无上　甘露法門
能入一切　无患窟宅　能令衆生　悉得解脫
度於三有　无量苦海　安住正道　无諸憂苦
如來世尊　功德智慧　大慈悲力　精進方便
如是无量　不可稱計　我等今者　不能說喻
諸天世人　於无量劫　盡思度量　不能得知
如來所有　功德智慧　无量大海　一渧之分

若我功德　得聚集者　迴與衆生　證无上道
尒時信相菩薩即於此會從座而起偏袒右
肩右膝著地合掌向佛而說讚言
世尊百福　相好微妙　功德千數　莊嚴其身
色淨遠照　視之无猒　如日千光　彌滿虛空
光明熾盛　无量无邊　猶如无數　珎寶大聚
其明五色　青紅赤白　琉璃頗梨　如融真金
光明赫弈　通徹諸山　悉能遠照　无量佛土
能滅衆生　无量苦惱　又與衆生　上妙快樂
諸根清淨　微妙第一　衆生見者　无有猒足
髮紺柔軟　猶孔雀項　如諸蜂王　集在蓮華
清淨大悲　功德莊嚴　无量三昧　及以大悲
如是功德　悉已聚集　相好妙色　嚴飾其身
種種功德　助成菩提

種種功德　助成菩提
如来悉能　調伏衆生　令心柔軟　受諸快樂
種種深妙　功德莊嚴　亦為十方　諸佛所讚
其光遠照　遍於諸方　猶如日月　充滿虛空
功德成就　如須弥山　在在示現　於諸世界
齒白齊整　猶如珂雪　其德如日　處空明顯
眉間毫相　右旋宛轉　光明流出　如琉璃珠
其色微妙　如日處空
尒時道場菩提樹神復說讚曰
南无清淨　无上正覺　甚深妙法　隨類覺了
遠離一切　非法非道　獨拔而出　成佛正覺
知有非有　本性清淨
希有希有　如来功德　希有希有　如来大海
希有希有　如須弥山　希有希有　佛无邊行

為欲利益　諸衆生故　宣說如是　妙寶經典
善哉如來　諸根寂滅　而復遊入　善寂大城
无垢清淨　甚深三昧　入於諸佛　所行之處
一切聲聞　身皆空寂　兩足世尊　行處亦空
如是一切　无量諸法　推本性相　亦皆空寂
一切衆生　性相亦空　狂愚心故　不能覺知
我常念佛　樂見世尊　常作誓願　不離佛日
我常於地　長跪合掌　其心戀慕　欲見於佛
我常脩行　最上大悲　哀泣雨淚　欲見於佛
我常渴仰　欲見於佛　為是事故　憂火熾然
唯願世尊　賜我慈悲　清冷法水　以滅是火
世尊慈愍　悲心无量　願使我身　常得見佛
世尊常護　一切人天　是故我今　渴仰欲見
聲聞之身　猶如虛空　猶幻響化　如水中月

聲聞之身　猶如虛空　焰幻響化　如水中月
衆生之身　如夢所見　如來行處　淨如琉璃
雨於无上　甘露法雨　能與衆生　无量快樂
如來行處　微妙甚深　一切衆生　无能知者
五通神仙　及諸聲聞　一切緣覺　亦不能知
我今不疑　佛所行處　唯願慈悲　爲我現身
尒時世尊　從三昧起　以微妙音　而讚歎言
善哉善哉　樹神善女　汝於今日　快說是言

金光明經付屬品第廿四

尒時世尊告彼大菩薩衆言汝等善丈夫輩
誰能守護此諸如來阿僧祇劫集成菩提於
我滅後以此法本當住廣現令正法久住故
尒時彼菩薩衆中有六十俱致菩薩及六十
俱致天女同以一咽喉聲說如是言世尊我

諸佛是實語　安住於實法　彼等實住故　此經增住持
大悲爲鎧甲　大慈爲安住　彼等慈力故　此經增住持
福聚爲鎧甲　智聚所出生　諸聚和合故　此經增住持
降伏諸摩羅　諸論亦破散　已斷於諸見　此經增住持
護世天帝等　諸梵及脩羅　天龍乾闥婆　住持此已作
地住及虛空　所有諸天女　諸佛住持故　已說此行法
梵行相應故　四寶已莊嚴　盡四摩羅故　此經增住持
虛空若作色　或色作非色　諸佛所住持　无有能令動
尒時四大天王同以一咽喉聲說此伽他
我等於此經　守護當如是　及子諸眷屬　亦善作守護
若當持此者　菩提已作緣　我當近彼等　四方作守護
尒時天帝向佛說此伽他
我知諸佛恩　導師亦已證　於此勝經典　已證佛出生
我於彼諸佛　報恩當作護　當護如是經　及彼持經者

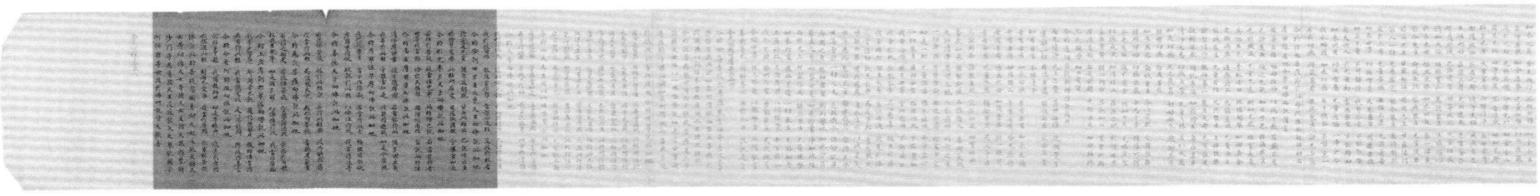

我知諸佛恩　導師所已說　[illegible]

我於彼諸佛　報恩當作護　當護如是經　及彼持經者

尒時娑訶世界主大梵天王向佛說此伽他

諸定及无量　諸乘及解脫　皆由此經出　已說佛出生

我捨梵處樂　此經所在處　至彼聽聞故　守護當如是

尒時删兜率多天子向佛說此伽他

若住於菩提　彼當住兜率　此經佛已說　若當有持者

世尊我當能　捨於天福報　閻浮洲內住　當說此行法

尒時商主摩羅子向佛說此伽他

清淨摩羅業　彼不隨摩羅　若當能持此　脩多羅正義

我等於此經　守護當如是　我發精進欲　如是今廣現

尒時摩羅波甲摩向佛說此伽他

我於彼眾生　當不作障礙　若當持此者　煩惱皆折伏

摩羅不得便　故說於此經　以佛住持故　我當護彼等

尒時善德天子向佛說此伽他

我當持此經　爲俱致天說　教化向菩提　當聽及敬重
尒時慈氏菩薩向佛說此伽他
不請之朋友　若彼住菩提　守護諸法故　能捨於自體
故我至兜率　如是脩多羅　以佛住持故　我當作廣顯
尒時上座摩訶迦葉波向佛說此伽他
我等少智慧　聲聞乘已說　隨能隨勢力　教師法當持
若有持此經　我當攝受彼　及以堪能辯　與彼作善言
尒時命者阿難陁向佛說此伽他
諸經多年數　我聞教師口　如是等經典　我先未曾聞
我值遇此經　對面已受取　我當作廣顯　欲求於菩提
佛說此時菩提高樹善獅天女及彼大辯天
女等功德天女等諸天女及諸天衆釋梵鞞
沙門等爲首諸天王及彼諸大天衆乹闥婆
阿脩羅等世間於佛所說皆大歡喜

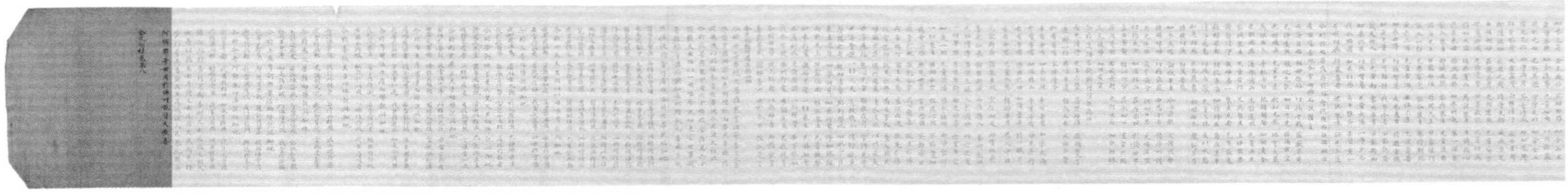

阿脩羅等世間於佛所說皆大歡喜

金光明經卷第八

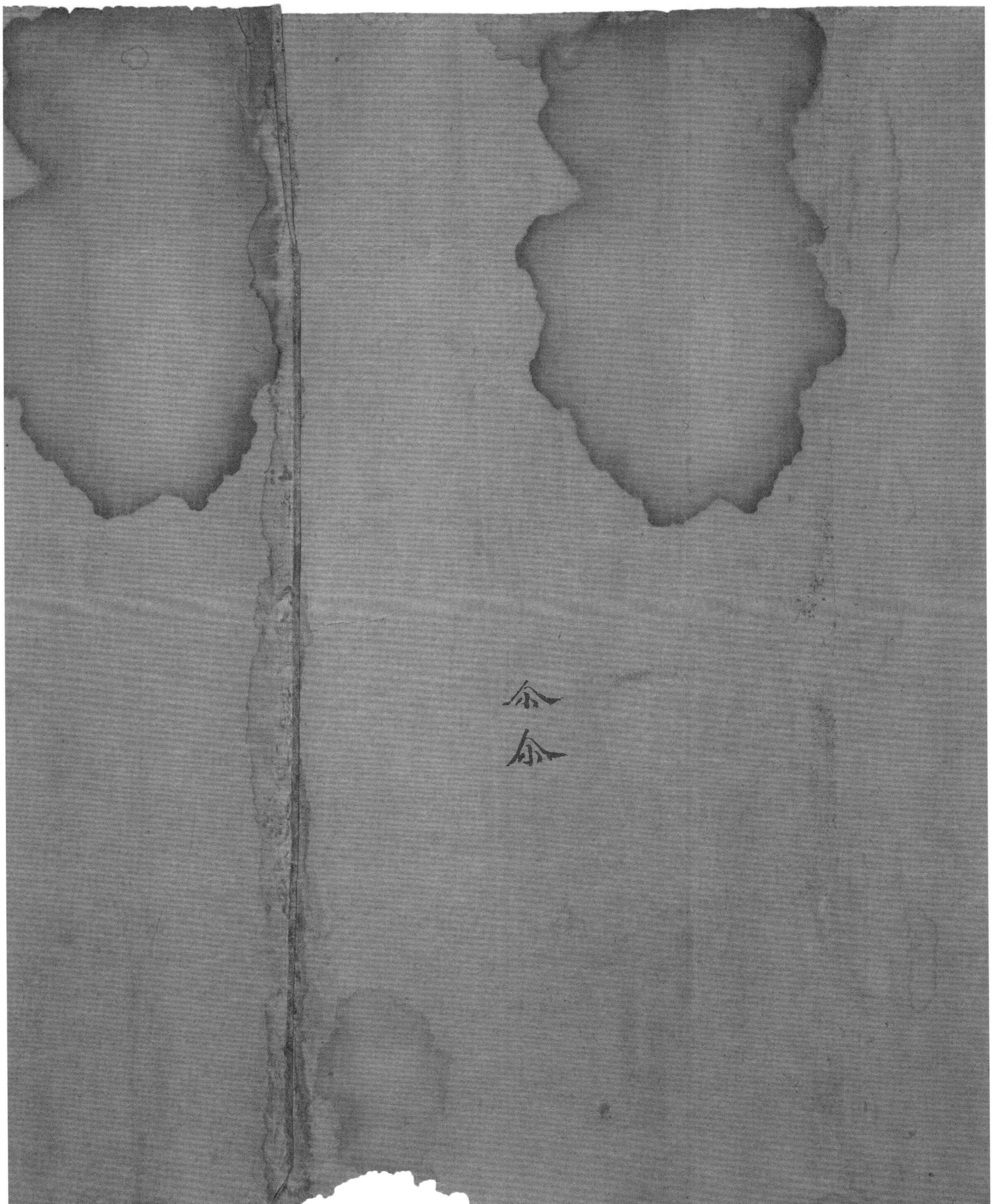

BD00196v　雜寫

BD00197 妙法蓮華經卷二

（後秦）鳩摩羅什 譯

782.9cm × 27.1cm

病死憂悲苦惱之所燒煮亦以五欲財利故
受種種苦又以貪著追求故現受衆苦後受
地獄畜生餓鬼之苦若生天上及在人間貧
窮困苦愛別離苦怨憎會苦如是等種種諸
苦衆生沒在其中歡喜遊戲不覺不知不驚
不怖亦不生厭不求解脫於此三界火宅東西
馳走雖遭大苦不以為患舍利弗佛見此
已便作是念我為衆生之父應拔其苦難與
无量无邊佛智慧樂令其遊戲舍利弗如來
復作是念若我但以神力及智慧力捨於方便
為諸衆生讚如來知見力无所畏者衆生不

解佛之智慧舍利弗如彼長者雖復身手
有力而不用之但以慇懃方便免濟諸子火
宅之難然後各與珎寶大車如来亦復如是
雖有力无所畏而不用之但以智慧方便於
三界火宅抜濟衆生為說三乘聲聞辟支
佛佛乘而作是言汝等莫得樂住三界火宅勿
貪麁弊色聲香味觸也若貪著生愛則為所
燒汝速出三界當得三乘聲聞辟支佛佛乘
我今為汝保任此事終不虛也汝等但當懃
脩精進如来以是方便誘進衆生復作是言
汝等當知此三乘法皆是聖所稱嘆自在无
繫无所依求乘是三乘以无漏根力覺道禪

繫无所依求是三乘以无漏根力覺道禪
定解脫三昧等而自娛樂便得无量安隱快
樂舍利弗若有衆生内有智性從佛世尊聞
法信受慇懃精進欲速出三界自求涅槃是
名聲聞乘如彼諸子為求羊車出於大宅若
有衆生從佛世尊聞法信受慇懃精進求自
然慧樂獨善寂深知諸法因緣是名辟支佛
乘如彼諸子為求鹿車出於大宅若有衆生
從佛世尊聞法信受懃脩精進求一切智佛
智自然智无師智如來知見力无所畏愍念
安樂无量衆生利益天人度脫一切是名大
乘菩薩求此乘故名為摩訶薩如彼諸子為

等以大車而賜諸子如來亦復如是為一切
衆生之父若見无量億千衆生以佛教門出
三界苦怖畏險道得涅槃樂如來尒時便作
是念我有无量无邊智慧力无畏等諸佛法
藏是諸衆生皆是我子等與大乘不令有人
獨得滅度皆以如來滅度而滅度之是諸衆
生脫三界者悉與諸佛禪定解脫等娛樂之
具皆是一相一種聖所稱歎能生淨妙第一
之樂舍利弗如彼長者初以三車誘引諸子
然後但與大車寶物莊嚴安隱第一然彼長
者无虛妄之咎如來亦復如是无有虛妄初
說三乘引導衆生然後但以大乘而度脫之

說三乘引導衆生然後但以大乘而度脱之
何以故如來有无量智慧力无所畏諸法之藏
能與一切衆生大乘之法但不盡能受舍
利弗以是因緣當知諸佛方便力故於一佛
乘分别説三佛欲重宣此義而説偈言
譬如長者 有一大宅 其宅久故 而復頓弊
堂舍高危 柱根摧朽 梁棟傾斜 基陛隤毁
墻壁圮坼 泥塗陁落 覆苫亂墜 椽梠差脱
周障屈曲 雜穢充滿 有五百人 止住其中
鵄梟鵰鷲 烏鵲鳩鴿 蚖蛇蝮蠍 蜈蚣蚰蜒
守宫百足 狖狸鼷鼠 諸惡虫輩 交横馳走
屎尿臭處 不淨流溢 蜣蜋諸虫 而集其上

鬪諍摣掣　啀喍嘷吠　其舍恐怖　變狀如是
處處皆有　魑魅魍魎　夜叉惡鬼　食噉人肉
毒虫之屬　諸惡禽獸　孚乳產生　各自藏護
夜叉競來　爭取食之　食之既飽　惡心轉熾
鬪爭之聲　甚可怖畏　鳩槃荼鬼　蹲踞土埵
或時離地　一尺二尺　往返遊行　縱逸嬉戲
捉狗兩足　撲令失聲　以腳加頸　怖狗自樂
復有諸鬼　其身長大　裸形黑瘦　常住其中
發大惡聲　叫呼求食　復有諸鬼　其咽如針
復有諸鬼　首如牛頭　或食人肉　或復噉狗
頭髮蓬亂　殘害兇險　飢渴所逼　叫喚馳走
夜叉餓鬼　諸惡鳥獸　飢急四向　窺看窓牖

夜叉餓鬼　諸惡鳥獸　飢急四向　窺看窓牖
如是諸難　恐畏无量　是朽故宅　屬于一人
其人近出　未久之間　於後宅舍　忽然火起
四面一時　其焰俱熾　棟梁椽柱　爆聲震裂
摧折墮落　墻壁崩倒　諸鬼神等　揚聲大叫
鵰鷲諸鳥　鳩槃荼等　周章惶怖　不能自出
惡獸毒蟲　藏竄孔穴　毗舍闍鬼　亦住其中
薄福德故　為火所逼　共相殘害　飲血噉肉
野干之屬　並已前死　諸大惡獸　競來食噉
臭烟熢㶿　四面充塞　蜈蚣蚰蜒　毒蛇之類
為火所燒　爭走出穴　鳩槃荼鬼　隨取而食
又諸餓鬼　頭上火燃　飢渴熱惱　周章悶走

先因遊戲　来入此宅　稚小无知　歡娛樂著
長者聞已　驚入火宅　方宜救濟　令无燒害
告喻諸子　說衆患難　惡鬼毒虫　災火蔓莚
衆苦次第　相續不絕　毒虵蚖蝮　及諸夜叉
鳩槃荼鬼　野干狐狗　鵰鷲鵄梟　百足之屬
飢渴惱急　甚可怖畏　此苦難處　況復大火
諸子无知　雖聞父誨　猶故樂著　嬉戲不已
是時長者　而作是念　諸子如此　益我愁惱
令此舍宅　无一可樂　而諸子等　躭湎嬉戲
不受我教　將為火害　即便思惟　設諸方便
告諸子等　我有種種　珎玩之具　妙寶好車
羊車鹿車　大牛之車　今在門外　汝等出来

羊車鹿車　大牛之車　今在門外　汝等出来
吾爲汝等　造作此車　隨意所樂　可以遊戲
諸子聞説　如此諸車　即時奔競　馳走而出
到於空地　離諸苦難　長者見子　得出火宅
住於四衢　坐師子座　而自慶言　我今快樂
此諸子等　生育甚難　愚小无知　而入險宅
多諸毒虫　魑魅可畏　大火猛焰　四面俱起
而此諸子　貪樂嬉戲　我已救之　令得脱難
是故諸人　我今快樂　尒時諸子　知父安坐
皆詣父所　而白父言　願賜我等　三種寶車
如前所許　諸子出来　當以三車　隨汝所欲
今正是時　唯垂給與　長者大富　庫藏衆多

真珠羅網　張施其上　金華諸瓔　處處垂下
衆采雜飾　周匝圍繞　柔軟繒纊　以為茵蓐
上妙細氎　價直千億　鮮白淨潔　以覆其上
有大白牛　肥壯多力　形體姝好　以駕寶車
多諸儐從　而侍衛之　以是妙車　等賜諸子
諸子是時　歡喜踊躍　乘是寶車　遊於四方
嬉戲快樂　自在无礙　告舍利弗　我亦如是
衆聖中尊　世間之父　一切衆生　皆是吾子
深著世樂　无有慧心　三界无安　猶如火宅
衆苦充滿　甚可怖畏　常有生老　病死憂患
如是等火　熾然不息　如來已離　三界火宅
寂然閑居　安處林野　今此三界　皆是我有

寂然閑居　安處林野　今此三界　皆是我有
其中衆生　悉是吾子　而今此處　多諸患難
唯我一人　能爲救護　雖復教詔　而不信受
於諸欲染　貪著深故　以是方便　爲說三乘
令諸衆生　知三界苦　開示演說　出世間道
是諸子等　若心決定　具足三明　及六神通
有得緣覺　不退菩薩　汝舍利弗　我爲衆生
以此譬喻　說一佛乘　汝等若能　信受是語
一切皆當　成得佛道　是乘微妙　清淨第一
於諸世間　爲无有上　佛所悅可　一切衆生
所應稱讚　供養礼拜　无量億千　諸力解脫
禪定智慧　及佛餘法　得如是乘　令諸子等

以是因緣　十方諦求
更无餘乘　除佛方便　告舍利弗　汝諸人等
皆是吾子　我則是父　汝等累劫　衆苦所燒
我皆濟拔　令出三界　我雖先說　汝等滅度
但盡生死　而實不滅　今所應作　唯佛智慧
若有菩薩　於是衆中　能一心聽　諸佛實法
諸佛世尊　雖以方便　所化衆生　皆是菩薩
若人小智　深著愛欲　為此等故　說於苦諦
衆生心喜　得未曾有　佛說苦諦　真實无異
若有衆生　不知苦本　深著苦因　不能蹔捨
為是等故　方便說道　諸苦所因　貪欲為本
若滅貪欲　无所依止　滅盡諸苦　名第三諦
為滅諦故　脩行於道　離諸苦縛　名得解脫
是人於何　而得解脫　但離虛妄　名為解脫

為滅諦故　脩行於道　離諸苦縛　名得解脫
是人於何　而得解脫　但離虛妄　名為解脫
其實未得　一切解脫　佛說是人　未實滅度
斯人未得　无上道故　我意不欲　令至滅度
我為法王　於法自在　安隱衆生　故現於世
汝舍利弗　我此法印　為欲利益　世間故說
在所遊方　勿妄宣傳　若有聞者　隨喜頂受
當知是人　阿惟越致　若有信受　此經法者
是人已曾　見過去佛　恭敬供養　亦聞是法
若人有能　信汝所說　則為見我　亦見於汝
及比丘僧　并諸菩薩　斯法華經　為深智說
淺識聞之　迷惑不解　一切聲聞　及辟支佛

以信得入　況餘聲聞　其餘聲聞　信佛語故
隨順此經　非己智分　又舍利弗　憍慢懈怠
計我見者　莫說此經　凡夫淺識　深著五欲
聞不能解　亦勿為說　若人不信　毀謗此經
則斷一切　世間佛種　或復顰蹙　而懷疑惑
汝當聽說　此人罪報　若佛在世　若滅度後
其有誹謗　如斯經典　見有讀誦　書持經者
輕賤憎嫉　而懷結恨　此人罪報　汝今復聽
其人命終　入阿鼻獄　具足一劫　劫盡更生
如是展轉　至无數劫　從地獄出　當墮畜生
若狗野干　其形頹瘦　黧黮疥癩　人所觸嬈
又復為人　之所惡賤　常困飢渴　骨肉枯竭
生受楚毒　死被瓦石　斷佛種故　受斯罪報

生受楚毒　死被瓦石　斷佛種故　受斯罪報
若作駝驢　或生驢中　身常負重　加諸杖捶
但念水草　餘无所知　謗斯經故　獲罪如是
有作野干　来入聚落　身體疥癩　又无一目
為諸童子　之所打擲　受諸苦痛　或時致死
於此死已　更受蟒身　其形長大　五百由旬
聾騃无足　宛轉腹行　為諸小虫　之所唼食
晝夜受苦　无有休息　謗斯經故　獲罪如是
若得為人　諸根闇鈍　矬陋攣躄　盲聾背傴
有所言說　人不信受　口氣常臭　鬼魅所著
貧窮下賤　為人所使　多病痟瘦　无所依怙
雖親附人　人不在意　若有所得　尋復忘失

若他反逆　抄劫竊盜　如是等罪　横羅其殃
如斯罪人　永不見佛　衆聖之王　說法教化
如斯罪人　常生難處　狂聾心乱　永不聞法
於无數劫　如恒河沙　生輙聾瘂　諸根不具
常處地獄　如遊園觀　在餘惡道　如己舍宅
駝驢猪狗　是其行處　謗斯經故　獲罪如是
若得為人　聾盲瘖瘂　貧窮諸衰　以自莊嚴
水腫乾痟　疥癩癰疽　如是等病　以為衣服
身常臭處　垢穢不淨　深著我見　增益瞋恚
婬欲熾盛　不擇禽獸　謗斯經故　獲罪如是
告舍利弗　謗斯經者　若說其罪　窮劫不盡
以是因緣　我故語汝　无智人中　莫說此經

告舍利弗　謗斯經者　若說其罪　窮劫不盡
以是因緣　我故語汝　无智人中　莫說此經
若有利根　智慧明了　多聞強識　求佛道者
如是之人　乃可為說　若人曾見　億百千佛
殖諸善本　深心堅固　如是之人　乃可為說
若人精進　常修慈心　不惜身命　乃可為說
若人恭敬　无有異心　離諸凡愚　獨處山澤
如是之人　乃可為說　又舍利弗　若見有人
捨惡知識　親近善友　如是之人　乃可為說
若見佛子　持戒清潔　如淨明珠　求大乘經
如是之人　乃可為說　若人无瞋　質直柔軟
常愍一切　恭敬諸佛　如是之人　乃可為說
復有佛子　於大眾中　以清淨心　種種因緣

但樂受持　大乘經典　乃至不受　餘經一偈
如是之人　乃可為說　如人至心　求佛舍利
如是求經　得已頂受　其人不復　志求餘經
亦未曾念　外道典籍　如是之人　乃可為說
告舍利弗　我說是相　求佛道者　窮劫不盡
如是等人　則能信解　汝當為說　妙法華經

妙法蓮華經信解品第四

尒時慧命須菩提摩訶迦旃延摩訶迦葉摩訶目揵連從佛所聞未曾有法世尊授舍利弗阿耨多羅三藐三菩提記發希有心歡喜踊躍即從座起整衣服偏袒右肩右膝著地一心合掌曲躬恭敬瞻仰尊顏而白佛言我

踊躍即從座起整衣服偏袒右肩右膝著地
一心合掌曲躬恭敬瞻仰尊顏而白佛言我
等居僧之首年並朽邁自謂已得涅槃无所
堪任不復進求阿耨多羅三藐三菩提世尊
往昔說法既久我時在座身體疲懈但念空
无相无作於菩薩法遊戲神通淨佛國土成
就衆生心不喜樂所以者何世尊令我等出
於三界得涅槃證又今我等年已朽邁於佛
教化菩薩阿耨多羅三藐三菩提不生一念
好樂之心我等今於佛前聞授聲聞阿耨多
羅三藐三菩提記心甚歡喜得未曾有不謂
於今忽得聞希有之法深自慶幸獲大善
利无量珍寶不求自得世尊我等今者樂說

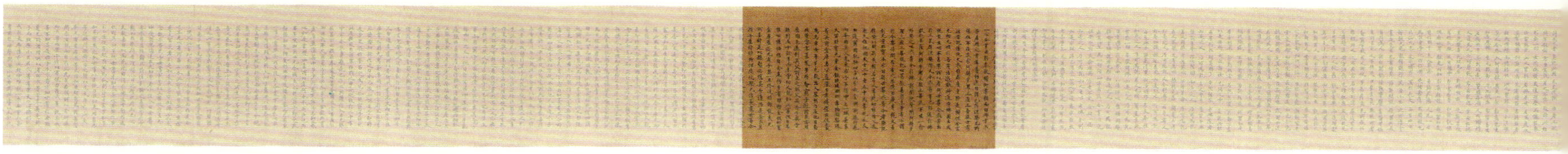

加復窮困馳騁四方以求衣食漸漸遊行遇
向本國其父先來求子不得中止一城其家
大富財寶无量金銀琉璃珊瑚虎珀頗梨珠
等其諸倉庫悉皆盈溢多有僮僕臣佐吏民
象馬車乘牛羊无數出入息利乃遍他國商
估賈客亦甚眾多時貧窮子遊諸聚落經
歷國邑遂到其父所止之城父每念子與子
離別五十餘年而未曾向人說如此事但自思
惟心懷悔恨自念老朽多有財物金銀珎寶
倉庫盈溢无有子息一旦終沒財物散失无
所委付是以慇懃每憶其子復作是念我若
得子委付財物坦然快樂无復憂慮世尊尒

得子委付財物坦然快樂无復憂慮世尊尒
時窮子傭賃展轉遇到父舍住立門側遥見
其父踞師子牀寶几承足諸婆羅門剎利居
士皆恭敬圍繞以真珠瓔珞價直千万莊嚴
其身吏民僮僕手執白拂侍立左右覆以寶
帳垂諸華幡香水灑地散衆名華羅列寶物
出内取與有如是等種種嚴餝威德特尊窮
子見父有大力勢即懷恐怖悔來至此竊作
是念此或是王或是王等非我傭力得物之
處不如往至貧里肆力有地衣食易得若久
住此或見逼迫强使我作作是念已疾走而
去時富長者於師子座見子便識心大歡

朽猶故貪惜即遣傍人急追將還尒時使
者疾走往捉窮子驚愕稱怨大喚我不相犯何
為見捉使者執之逾急强牽將還于時窮子
自念无罪而被囚執此必定死轉更惶怖悶
絶躃地父遥見之而語使言不須此人勿强
將來以冷水灑面令得醒悟莫復與語所以
者何父知其子志意下劣自知豪貴為子所
難審知是子而以方便不語他人云是我子
使者語之我今放汝隨意所趣窮子歡喜得
未曾有從地而起往至貧里以求衣食尒時
長者將欲誘引其子而設方便密遣二人形
色憔悴无威德者汝可詣彼徐語窮子此有

色憔悴无威德者汝可詣彼徐語窮子此有
作處倍與汝直窮子若許將来使作若言欲
何所作便可語之雇汝除糞我等二人亦共
汝作時二使人即求窮子既已得之具陳上
事尒時窮子先取其價尋與除糞其父見子
愍而怪之又以他日於窓牖中遥見子身羸
瘦憔悴糞土塵坌汙穢不淨即脫瓔珞細軟
上服嚴飾之具更著麁弊垢膩之衣塵土坌
身右手執持除糞之器狀有所畏語諸作人
汝等勤作勿得懈息以方便故得近其子後
復告言咄男子汝常此作勿復餘去當加汝
價諸有所須瓫器米麵鹽酢之屬莫自疑難

汝常作時无有欺怠瞋恨怨言都不見汝有
此諸惡如餘作人自今已後如所生子即時
長者更與作字名之爲兒尒時窮子雖欣
此遇猶故自謂客作賤人由是之故於二十年
中常令除糞過是已後心相體信入出无難
然其所止猶在本處世尊尒時長者有疾自
知將死不久語窮子言我今多有金銀珎寶
倉庫盈溢其中多少所應取與汝悉知之我
心如是當體此意所以者何今我與汝便爲
不異宜加用心无令漏失尒時窮子即受教
勅領知衆物金銀珎寶及諸庫藏而无希取
一飡之意然其所止故在本處下劣之心亦

一飡之意然其所止故在本處下劣之心亦
未能捨復經少時父知子意漸以通泰成就
大志自鄙先心臨欲終時而命其子并會親
族國王大臣剎利居士皆悉已集即自宣言
諸君當知此是我子我之所生於某城中捨
吾逃走跉跰辛苦五十餘年其本字某我
名某甲昔在本城懷憂推覓忽於此間遇會
得之此實我子我實其父今我所有一切財物
皆是子有先所出內是子所知世尊是時窮
子聞父此言即大歡喜得未曾有而作是念
我本无心有所希求今此寶藏自然而至世
尊大富長者則是如來我等皆似佛子如來

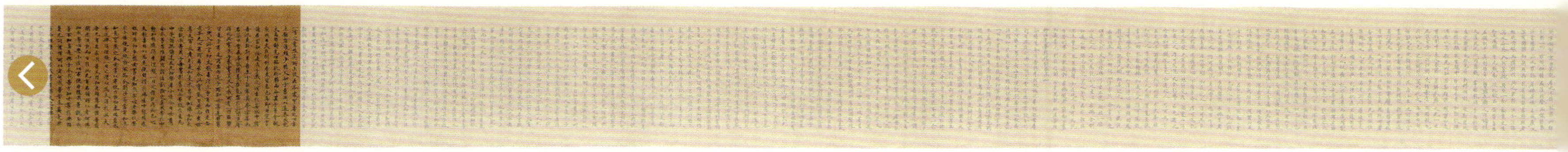

令我等思惟蠲除諸法戲論之糞我等於中
懃加精進得至涅槃一日之價既得此已心
大歡喜自以為足便自謂於佛法中懃精進
故所得弘多然世尊先知我等心著弊欲樂
於小法便見縱捨不為分別汝等當有如來
知見寶藏之分世尊以方便力說如來智慧我
等從佛得涅槃一日之價以為大得於此大
乘无有志求我等又因如來智慧為諸菩薩
開示演說而自於此无有志願所以者何佛
知我等心樂小法以方便力隨我等說而我
等不知真是佛子今我等方知世尊於佛智
慧无所悋惜所以者何我等昔來真是佛

慧无所悋惜所以者何我等昔来真是佛
子而但樂小法若我等有樂大之心佛則為
我說大乘法於此經中唯說一乘而昔於菩
薩前毀呰聲聞樂小法者然佛實以大乘教
化是故我等說本无心有所希求今法王
大寶自然而至如佛子所應得者皆已得之
尒時摩訶迦葉欲重宣此義而說偈言
我等今日　聞佛音教　歡喜踊躍　得未曾有
佛說聲聞　當得作佛　无上寶聚　不求自得
譬如童子　幼稚无識　捨父逃逝　遠到他土
周流諸國　五十餘年　其父憂念　四方推求
求之既疲　頓止一城　造立舍宅　五欲自娛

出入息利　乃遍他國　商估賈人　无處不有
千万億衆　圍繞恭敬　常爲王者　之所愛念
群臣豪族　皆共宗重　以諸緣故　往來者衆
豪富如是　有大力勢　而年朽邁　益憂念子
夙夜惟念　死時將至　癡子捨我　五十餘年
庫藏諸物　當如之何　尒時窮子　求索衣食
從邑至邑　從國至國　或有所得　或无所得
飢餓羸瘦　體生瘡癬　漸次經歷　到父住城
傭賃展轉　遂至父舍　尒時長者　於其門内
施大寶帳　處師子座　眷屬圍繞　諸人侍衛
或有計筭　金銀寶物　出内財産　注記券疏
窮子見父　豪貴尊嚴　謂是國王　若國王等
驚怖自怪　何故至此　覆自念言　我若久住

窮子見父　豪貴尊嚴　謂是國王　若國王等
驚怖自怪　何故至此　覆自念言　我若久住
或見逼迫　強駈使作　思惟是已　馳走而去
借問貧里　欲往傭作　長者是時　在師子座
遥見其子　嘿而識之　即勑使者　追捉將來
窮子驚喚　迷悶躃地　是人執我　必當見煞
何用衣食　使我至此　長者知子　愚癡狹劣
不信我言　不信是父　即以方便　更遣餘人
眇目矬陋　无威德者　汝可語之　云當相雇
除諸糞穢　倍與汝價　窮子聞之　歡喜隨來
為除糞穢　淨諸房舍　長者扵牖　常見其子
念子愚劣　樂為鄙事　扵是長者　著弊垢衣

如是苦言　汝當懃作　又以軟語　若如我子
長者有智　漸令入出　經二十年　執作家事
示其金銀　真珠頗梨　諸物出入　皆使令知
猶處門外　止宿草菴　自念貧事　我无此物
父知子心　漸已曠大　欲與財物　即聚親族
國王大臣　剎利居士　於此大眾　說是我子
捨我他行　經五十歲　自見子來　已二十年
昔於某城　而失是子　周行求索　遂來至此
凡我所有　舍宅人民　悉以付之　恣其所用
子念昔貧　志意下劣　今於父所　大獲珍寶
并及舍宅　一切財物　甚大歡喜　得未曾有
佛亦如是　知我樂小　未曾說言　汝等作佛

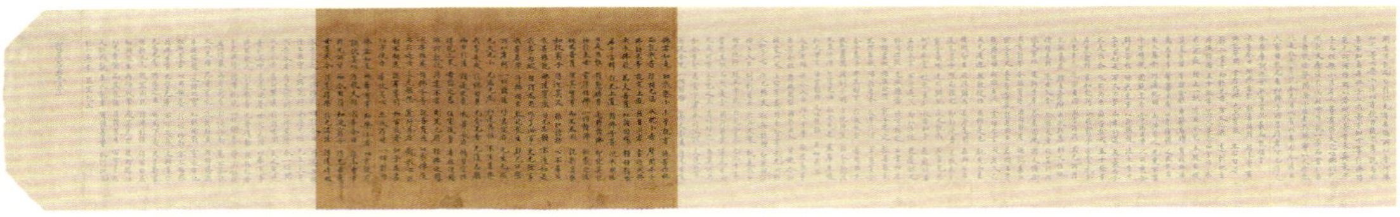

佛亦如是　知我樂小　未曾說言　汝等作佛
而說我等　得諸无漏　成就小乘　聲聞弟子
佛勅我等　說最上道　修習此者　當得成佛
我承佛教　為大菩薩　以諸因緣　種種譬喻
若干言辭　說无上道　諸佛子等　從我聞法
日夜思惟　精勤修習　是時諸佛　即授其記
汝於來世　當得作佛　一切諸佛　秘藏之法
但為菩薩　演其實事　而不為我　說斯真要
如彼窮子　得近其父　雖知諸物　心不希取
我等雖說　佛法寶藏　自无志願　亦復如是
我等內滅　自謂為足　唯了此事　更无餘事
我等若聞　淨佛國土　教化眾生　都无欣樂
所以者何　一切諸法　皆悉空寂　无生无滅

我等長夜　於佛智慧　无貪无著　无復志願
而自於法　謂是究竟　我等長夜　修習空法
得脫三界　苦惱之患　住最後身　有餘涅槃
佛所教化　得道不虛　則為已得　報佛之恩
我等雖為　諸佛子等　說菩薩法　以求佛道
而於是法　永无願樂　導師見捨　觀我心故
初不勸進　說有實利　如富長者　知子志劣
以方便力　柔伏其心　然後乃付　一切財物
佛亦如是　現希有事　知樂小者　以方便力
調伏其心　乃教大智　我等今日　得未曾有
非先所望　而今自得　如彼窮子　得无量寶
世尊我今　得道得果　於无漏法　得清淨眼

非先所望　而今自得　如彼窮子　得无量寶
世尊我今　得道得果　於无漏法　得清淨眼
我等長夜　持佛淨戒　始於今日　得其果報
法王法中　久脩梵行　今得无漏　无上大果
我等今者　真是聲聞　以佛道聲　令一切聞
我等今者　真阿羅漢　於諸世間　天人魔梵
普於其中　應受供養　世尊大恩　以希有事
憐愍教化　利益我等　无量億劫　誰能報者
手足供給　頭頂礼敬　一切供養　皆不能報
若以頂戴　兩肩荷負　於恒沙劫　盡心恭敬
又以美膳　无量寶衣　及諸卧具　種種湯藥
牛頭栴檀　及諸珍寶　以起塔廟　寶衣布地
如斯等事　以用供養　於恒沙劫　亦不能報

取相凡夫　隨宜而說　諸佛於法　得冣自在
知諸衆生　種種欲樂　及其志力　隨所堪任
以无量喻　而爲說法　隨諸衆生　宿世善根
又知成熟　未成熟者　種種籌量　分別知已
於一乘道　隨宜說三

妙法蓮華經卷第二

BD00198 比丘尼戒

617cm × 27.3cm

伽婆尸沙法九初得罪八乃至諫諸罪[illegible]
於二部僧中應半月行摩那埵若於二部僧中半月
行摩那埵已次到阿浮呵那當稱可二部僧意二部僧各廿衆中應
出罪二部僧中若少一人除是比丘尼不[illegible]為除罪二部僧[illegible]呵是
[illegible]亦今問比丘尼善女是事中清淨不第二第三亦如是問是事中
淨不諸善女是事中清淨嘿然故是事如是持
諸善女卅尼薩耆波逸提半々月々戒經中說
若比丘尼三衣具足訖迦絺那衣時長衣乃至十日應畜若過十日畜尼
薩耆波夜提
若比丘尼三衣具足訖迦絺那衣時五衣中若離一々餘處宿尼薩耆波夜提
若比丘尼衣具足訖迦絺那衣時若得非時衣是比丘尼若欲須此衣自手應
作衣著若得足者好若不足更有得處爲補足故是比丘尼是衣乃至
一月應畜若過一月畜尼薩耆波逸提
若比丘尼從非親理居士若居士婦乞衣得衣者尼薩耆波逸提　除

非親理居士若居士婦自恣多与衣是比丘尼於此衣中乃至内外衣
應受若過受尼薩耆波逸提
若比丘尼非親理居士若居士婦為辦衣價念言我等如〻是〻衣價
如〻是〻衣与其甲比丘尼是中比丘尼先不自恣為好衣故少作因
緣便到非親理居士若居士婦所作如是言汝等善哉如是衣價買
如〻是〻衣与我若得是衣尼薩耆波逸提
若比丘尼非親理居士若居士婦為比丘尼各〻辦衣念言我等如〻
是〻衣價買如〻是〻衣与某甲比丘尼是中是比丘尼先不自恣為
好衣故少作因緣便到非親理居士若居士婦所如是如是言汝等
善哉辦如〻是〻衣價買合作一衣与我為好故若得是衣尼薩耆波逸提
為比丘尼故若王臣若婆羅門若居士所遣使送衣價是使到是比
丘尼所語是比丘尼善女知不是衣價若王若臣若婆羅門若居士
所送善女受是衣價是比丘尼應語使如是言汝使諸比丘尼不
應受衣價我若須依時若得清淨衣自手受庚作衣畜是使語是

應受衣賈我若須依時若得清淨衣自手受庚作衣畜是使語是
比丘尼言善女汝等有執事人常能爲諸比丘尼執事者不須衣
比丘尼應示使執事人若守僧房人若優婆塞應語言是人等能
爲諸比丘尼執事使白是執事人所語執事人言善哉執事知々是
々衣賈買如々是々衣与某甲比丘尼是比丘尼須衣時至當來汝便
与衣是使若自勸喻若使人勸喻已還到比丘尼所到已知是言善
女所示執事人我勸喻作已善女須衣時至往取當与衣善女衣比
丘尼應到執事人所索衣應如是言我々須々衣々第二第三亦如
是索若得衣者好若不得衣第四第五極至第六在執事前嘿然
立第四第五極至第 得泿者好若不得爲得衣故過是求若得是
衣尼薩耆波逸提若不得衣隨衣賈來處若自去若遣使應如是
汝爲某甲比丘尼送衣賈是比丘尼於汝衣賈竟不得用汝自知物
莫使失是事法尒
若比丘尼自取金銀若使人取若語汝取尼薩耆波逸提

若比丘尼所受鉢不滿五綴更求新鉢爲好故尼薩耆波逸提
是比丘尼是鉢應比丘尼衆中捨是比丘尼家中最下鉢應与應如
是教汝比丘尼應受是鉢乃至破是事法尒
若比丘尼自乞縷使非親理織師織尼薩耆波逸提
若比丘尼非親理居士若居士婦使織師爲比丘尼織作衣是比丘
尼先不自恣爲好衣故少作因緣往到語織師言汝知不是爲我作
汝好織令緻廣當与汝少物是比丘尼若自勸喻若使人勸喻已
後時少与物若一食若一食具若一食直爲得衣故若得是衣尼薩
耆波逸提
若比丘尼与他比丘尼衣後瞋恚忿心不喜若自奪若使人奪作是
言比丘尼還我衣來不与汝尼薩耆波逸提　是比丘尼應諸比丘尼
前捨是衣
若比丘尼十日未至自恣得急施衣是比丘尼受是衣時應畜若過
畜尼薩耆波逸提

畜尼薩耆波逸提

若比丘尼知檀越許僧物自迴向己尼薩耆波逸提

佛憐愍諸病比丘尼聽受四種含消藥蘓油蜜石蜜是之病比丘尼

殘共宿極至七日應服若過七日尼薩耆波逸提

若比丘尼畜長鉢乃至一夜過是畜者尼薩耆波逸提

若比丘尼時衣作非時分尼薩耆波逸提

若比丘尼非時衣作時分尼薩耆波逸提

若比丘尼共比丘尼貿衣後時到邊作如是語若自持衣本去持

我衣來著我前還歸汝衣尼薩耆波逸提

若比丘尼故衆多非親理居士婦各〻辦衣〻念言我等如是衣

貿買如〻是〻衣与某甲比丘尼是中比丘尼先不自恣爲好衣

故少作因緣使到非親理居士若居士如婦一可作如是言汝等善口

共辦如〻是〻衣貿買作一衣与我爲好故若得衣尼薩耆波逸提

若比丘尼自爲身故乞金銀尼薩耆波逸提

若比丘尼為僧故乞此物作異用尼薩耆波逸提

若比丘尼為多人事乞作餘事用尼薩耆波逸提

若比丘尼乞厚衣極至四羯利沙直應乞若過乞尼薩耆波逸提

若比丘尼欲乞薄衣極至二羯利沙半應乞若過乞尼薩耆波逸提

諸善女我已說卅尼薩耆波逸提法今問諸善女是中清淨默

故是事如是持

諸善女是百七十八波逸提法半月半月戒經中來

若比丘尼故忘語波逸提

若比丘尼毀呰語波逸提

若比丘尼兩舌鬪他比丘尼波逸提

若比丘尼知僧如法斷事還更發起波逸提

若比丘尼為男子說法過五六語波逸提

若比丘尼以闡掘連他偈句教未受具戒人者波逸提

若比丘尼未受具戒人前自說得過人法若知若見我知是知如是

若比丘尼未受具戒人前自說得過人法若知若見我如是知如是
見乃至實波逸提
若比丘尼知餘比丘尼麁罪於未受具戒前說波逸提除僧羯磨
若比丘尼先歡喜聽後如是說隨親厚迴僧物分波逸提
若比丘尼說戒時如是言何用說是雜碎戒半月半月戒經中來諸
比丘尼心生悔懷惱心熱憂愁不樂生返戒心作是輕呵戒者波逸提
十事竟
若比丘尼殺眾草木波逸提
若比丘尼知比丘尼僧一心知法羯磨若輕呵者波逸提
若比丘尼不隨問答惱他波逸提
若比丘尼僧臥具若坐牀若臥牀若被褥氍氀露地若自敷若使人
敷是中若坐若臥去時不自舉不教人舉波逸提
若比丘尼房舍中瞋恚忿心不喜若自驅出若使人驅出如是言汝出去
滅去不應是中住是因緣故不異波逸提
若比丘尼知他比丘尼先安住敷臥具竟後來强以臥具若自敷若使人

若比丘尼知水有虫若自澆草土若使人澆波逸提
若比丘尼共比丘獨屏覆坐波逸提　卅事竟
若比丘尼施一食處无病比丘尼應一食若過一食波逸提
諸比丘尼到白衣家自恣多与食若餅若麨是比丘尼若須二若須三鉢
應取若過取波逸提二三鉢取已出外与餘善比丘尼是事法尒
若比丘尼别衆食波逸提除因緣因緣者病時作衣時行道時船上行時
大會時沙門施食是名因緣
若比丘尼不受食著口中波逸提除水及楊支
若比丘尼知水中有虫取用波逸提
若比丘尼於食家中臥處坐波逸提
若比丘尼於食家中獨一男子臥處坐波逸提
若比丘尼軍發行往觀波逸提除除因緣
若比丘尼有因到軍中極至二夜應宿若過宿者波逸提　卅事竟
若比丘尼極至二宿軍中住觀軍發行主將幢麾軍陳合戰波逸提

若比丘尼極至三宿軍中住觀軍發行主將幢麾軍陣合戰波逸提
若比丘尼瞋他比丘尼恚怒不喜打波逸提
若比丘尼瞋他比丘尼恚怒不喜手搏波逸提
若比丘尼知彼比丘尼殘麁罪覆藏極至一宿波逸提
若比丘尼語彼比丘尼善女來至諸家使与多美飲食是比丘尼不使
与使比丘尼食如是言善女汝去我与汝共坐共語不樂我獨坐語樂欲
令惱故作是念使是比丘尼乃至少許時得惱是因緣故不異波逸提
若比丘尼无病欲炙身故露地燃火若草木牛屎薪掃若自燒若使人燒波逸提
若比丘尼知法僧事与欲竟後更呵波逸提
若比丘尼未受具戒人共一房舍宿過二夜波逸提
若比丘尼作〻是〻言〻我知是知佛法義行鄣道法不能鄣道是比丘尼
諸比丘尼應如是教汝比丘尼莫作是語我如是知佛法義行鄣道法不
能鄣道汝莫謗佛莫誣佛謗佛不善佛不作是語佛種〻因緣說行
鄣道法實能鄣道汝比丘尼捨是惡耶見是比丘尼諸比丘尼如是教時

若比丘尼知是人如是語不如法悔不捨是惡耶見故擯若畜使共事共一房
舍宿波逸提
卅事竟
若有沙弥尼作是言我知是知佛法義行諸欲不能鄣道是沙弥尼諸比丘
尼應如是教汝沙弥尼莫作是語我知是知佛法義行諸欲不能鄣道
汝莫謗佛莫輕佛謗佛不善是沙弥尼諸比丘尼應如是教汝沙弥尼捨
是惡耶見語是沙弥尼如是教時若受是事堅持不捨諸比丘尼應第
二第三教捨是事故第二第三教時能捨是事好若不捨是沙弥尼
諸比丘尼應如是語從今日沙弥尼不應言佛是我師亦不應隨諸比丘
尼行諸餘沙弥尼得共比丘尼乃至一房再宿汝之汝无是事出去癡人滅
去莫此中住若比丘尼知是擯沙弥若畜若使共語若共一房舍宿波逸提
若比丘尼若寶若名寶若自手取若使人取若語使取是物波逸提除僧坊內
住處內比丘尼若寶若名寶僧坊內住處知是主心是誰有是主取是事法介
若比丘尼得新衣應三種壞色中一一壞色若青若埿若木蘭若比丘尼三
種壞色若青若埿若木蘭著新衣波逸提

BD00198　比丘尼戒

種壞色若青若泥若木蘭著新衣波逸提

若比丘尼半月內浴波逸提除因緣因緣者熱時春後殘半月夏初月是

一月半名熱除病時風時雨時作時行路時是名因緣

若比丘尼故奪畜生命波逸提

若比丘尼故令他比丘尼悔作是念令是比丘尼乃至少許時得惱是因緣

故不異波逸提

若比丘尼水中戲波逸提

若比丘尼共男子一房舍宿波逸提

若比丘尼自恐怖他比丘尼若使人恐怖乃至戲咲波逸提

五十事竟

若比丘尼取他比丘尼若鉢若衣尸師檀若革屣如是一一生活具若自

藏若使人藏乃至戲波逸提

若比丘尼与他比丘比丘尼式叉摩尼沙彌沙彌尼衣趣還取用波逸提

若比丘尼无根僧伽婆尸沙法謗他比丘尼波逸提

若比丘尼与男子義共道行乃至一聚洛波逸提

若比丘尼自手掘地若使人掘若指言掘是地波逸提

比丘尼者誦阿毗曇者欲得法利是戒中應之應問諸比丘誦脩多羅者
比丘者阿毗曇者應知是言諸大德是事云何是法何義是法應尒
若比丘尼諸比丘尼鬪亂諍訟屏處嘿然立聽作是念諸比丘尼所說
我當憶持波逸提
若比丘尼僧斷事時嘿然起去波逸提 六十事竟
若比丘尼輕他者波逸提
若比丘尼飲酒波逸提
若比丘尼過日中入聚落不白善比丘尼波逸提除大因緣
若比丘尼剎利王水澆頭夜未曉未藏寶若門〻藝〻過過波逸提除大因緣
若比丘尼說戒時如是言我今始知是比丘尼乃至若二若三說戒經中坐何
況多是比丘尼是法入戒中半〻半月
若比丘尼說戒時如是言我今始知是法入戒經中半〻月〻戒經中說
諸比丘尼實知是比丘尼乃至若二若三說戒經中坐何況多是比丘尼
不可以不知故得脫隨所犯罪如法治應呵令厭善女汝夫无利汝
不善汝說戒時不敬說戒時不敬說戒不作是念實有是事不貴重

不善汝說戒時不敬說戒時不敬說戒不作是念實有是事不貴重
戒不著心中不攝耳聽法從是事過波逸提
若比丘尼若骨若牙若角作針筩者波逸提
若比丘尼作生牀若臥牀足應高八指除入陛若過波逸提
若比丘尼以兜羅綿貯薦若使人著波逸提
若比丘尼佛衣等量作衣過佛衣波逸提
是中佛衣量長九脩伽陀搩手廣六脩伽陀搩手是名佛衣量 七十事 三竟
若比丘尼剃隱處毛波逸提
若比丘尼以指著女根中過指二節波逸提除[illegible]
若比丘尼噉生若熟蒜波逸提
若比丘尼以手掌拍女根波逸提
若比丘尼煮生焉麥食波逸提
若比丘尼放大小便著牆外波逸提
若比丘尼盡大小便著淨草上得波逸提
若比丘尼獨与一比丘於屏處若共語波逸提
若比丘尼与一比丘尼露處住共語波逸提 八十事 三竟
若比丘尼獨与一比丘於露地若住共語波逸提

若比丘尼闇室中燈燭与男子若立若坐波逸提

若比丘尼以種〻作男子着女根中波逸提

若比丘尼語彼比丘尼言善女來於我舍住後嫌恨瞋恐不喜若自挽出若使人挽出作是言遠去滅去莫此中住是因緣故不異波逸提

若比丘尼共一牀臥波逸提

若比丘尼共一敷臥波逸提

若二比丘尼共一覆臥波逸提

若比丘尼入白衣舍遣伴比丘尼令去屏處獨与一比丘共語立共竊語波逸提 九十

若比丘尼入白衣舍遣伴比丘尼令去獨屏處与一白衣共語竊語波逸提

若比丘尼鬬諍相言自打哭啼波逸提

若比丘尼共諸比丘尼鬬諍相打相言以法以地獄呪咀者波逸提

若比丘尼不審諦着抑嫌恨波逸提

若比丘尼夏安居於夏內无因緣遊行餘處波逸提

若比丘尼自恣已後不能乃至一宿遊行他處者波逸提

若比丘尼國內怖畏疑處遊行者波逸提

若比丘尼故往觀綵畫舍波逸提

若比丘尼國內怖畏疑處遊行者波逸提 若比丘尼故往觀綵畫舍波逸提
若比丘尼先安住觸惱後來者波逸提
百事竟
若比丘尼後來觸惱先來者波逸提 若比丘尼共比丘尼住有苦惱不看視者波逸提
若比丘尼見他比丘尼來不起迎者波逸提
若比丘尼不白比丘尼便坐者波逸提
若比丘尼不語白衣便自敷臥坐若使人敷者波逸提
若比丘尼不滿十二歲畜眷屬者波逸提
若比丘尼滿十二歲不作畜眷屬羯摩若畜者波逸提
若比丘尼未滿十二歲已嫁女爲眷屬者波逸提
若比丘尼已嫁女人滿十二歲不作眷屬羯磨畜者波逸提
若比丘尼已嫁女人滿十二歲不作眷屬羯磨畜者波逸提
若比丘尼畜眷屬不教者波逸提
百十事竟
若比丘尼僧作止汝羯磨竟若畜羯磨者波逸提
若比丘尼弟子不滿十二學六法畜眷屬者波逸提

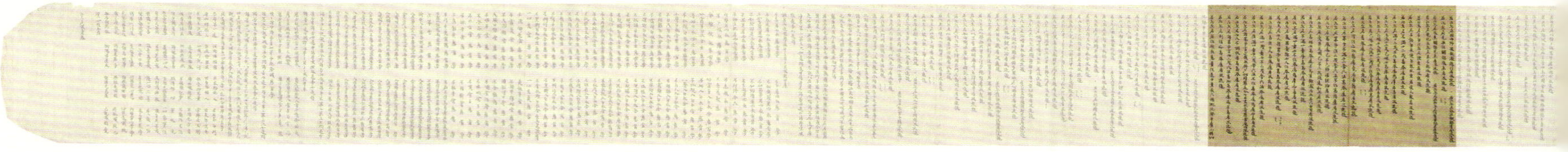

若比丘尼受具足戒已不二歲隨逐和上尼波逸提

若比丘尼畜婬女為眷屬不即至餘處若五若六由旬者波逸提

若比丘尼不滿廿童女畜為眷屬者波逸提

若比丘尼滿廿童女不作眷屬羯磨而畜者波逸提

若比丘尼衰思憂惱女人作眷屬者波逸提

若比丘尼女人將男子自隨畜為眷屬者波逸提

百廿事
竟

若比丘尼畜性女人為眷屬者波逸提

若比丘尼滿廿歲童女不二歲學六法眷屬者波逸提

若比丘尼雖滿廿童女二歲學六法不作畜眷屬羯磨而畜者波逸提

若比丘尼語弟子言與我衣鉢戶鉤時藥夜分七日盡形壽藥當度汝波逸提

若比丘尼女人不調伏者畜為眷屬者波逸提

若比丘尼語弟子言汝二歲六法畜汝為眷屬後不畜者波逸提

若比丘尼別住而畜眷屬者波逸提

若比丘尼若作欲衣應量作是中量長六脩迦陀搩手廣二脩伽

若比丘尼若作浴衣應量作是中量長六脩伽陀磔手廣二脩伽
陀磔手半若過作波逸提
若比丘尼多畜衣波逸提 百卌事竟 若比丘尼作衣時極久聽五夜若過者波逸提
若比丘尼自病休已病衣浣与在家服者波逸提
若比丘尼自病休已病浣淨已不起者波逸提
若比丘尼遮与衆衣者波逸提
若比丘尼斷不作五衣而受迦絺那衣者波逸提
若比丘尼僧絶迦絺那衣時聽捨者波逸提
若比丘尼僧斷事時不聽者波逸提
若比丘尼不捨所住房而遠遊行者波逸提 百卌事竟
若比丘尼誦種種呪術波逸提
若比丘尼種種呪術者若教白衣若裸形外道者波逸提
若比丘尼男白衣家作波逸提 若比丘尼坐白衣坐去時不還白衣者波逸提
若比丘尼不語白衣輒坐其坐者波逸提

若比丘不比丘住處安居者波逸提

百五十
事竟

若比丘尼竟不於二部僧中以三事見聞疑求自恣波逸提

若比丘尼半月半月不詣比丘僧所求布薩教者波逸提

若比丘尼衆集受教時无病不來聽者波逸提

若比丘尼僧坊中比丘住不白輒入門者波逸提

若比丘尼瞋心喑嗑呵比丘 者波逸提

若比丘尼共比丘尼鬪諍相言惡口苦切語者波逸提

若比丘尼姤措白衣舍波逸提 若比丘受檀越請都不食者波逸提

若比丘尼不問而問難者脩多羅毗尼阿毗曇者波逸提

若比丘尼露地裸形浴者波逸提

百六十
事竟

若比丘尼白衣嚴者波逸提 若比丘尼往觀在徽歌儛伎樂者波逸提

若比丘尼若癰若創若使男子若裹若解者波逸提

若比丘尼以耶念共男子行步視瞻者波逸提

若比丘尼以末香澡胡麻屑若滓塗身者波逸提

若比丘尼以末香澡胡麻滓若澤塗身者波逸提

若比丘尼知世間法著初生樹花者波逸提

若比丘尼於比丘尼僧坊出門不語同上者波逸提

若比丘尼以諸果汁治髮者波逸提

若比丘尼使人以諸樹果汁治髮者波逸提

若比丘尼以鑷々頭者波逸提

百七十 事竟

若比丘尼使人鑷々頭々者波逸提

若比丘尼剃々頭者波逸提

若比丘尼使人以剃々頭者波逸提

若比丘尼生草上大小便者波逸提

若比丘尼故出精波逸提除夢中

若比丘尼飲男子精波逸提

若比丘尼於男子澆浴水澆浴者波逸提

若比丘尼於門後猥住者波逸提

百七十八 事竟

諸善女我說百七十八波逸提法今問諸善女是中清淨不第二第三

亦問是中清淨不諸善女是中清淨嘿然故是事如是持

乞乳是比丘尼前出罪作是言諸善女我墮可呵法所不應作是
應出法我今出罪是名初可出法
若比丘尼无病自爲乞酪生蘇熟蘇油魚肉脯應諸比丘尼前出
罪作是言諸善女我墮可呵法所不應作是〻應出法我今出是
是名第八出法諸善女我已說八出罪法今問諸善女是中清
淨不第二第三亦如是問是中清淨不諸善女是中清淨嘿然
故是事如是持
諸善女是衆學法半〻月〻戒經中來
不高著内衣應當學　不下著内衣應當學
不參差著内衣應當學　不如斷頭著内衣應當學
不如多羅葉著内衣應當學　不如鳥鼻著内衣應當學
不如麨團著内衣應當學　不如細攝著内衣應當學
不萬耳著内衣應當學　不生起著内衣應當學
不細生疏著内衣應當學　不紆滲令大應當學

不細生踈著內衣應當學
周斉著內衣應當學
不下被衣應當學
斉整被衣應當學
好覆身白衣舍坐應當學
善好白衣舍坐應當學
不盼視白衣舍坐應當學
小聲白衣舍坐應當學
不自大白衣舍坐應當學
不胡懸白衣舍坐應當學
不覆頭白衣舍坐應當學
不揲頭白衣舍坐應當學
不扠腰白衣舍坐應當學
不現匈白衣舍坐應當學

不紵洿令大應當學
不高被衣應當學
不參差被衣應當學
好覆身入白衣舍應當學
善好入白衣舍應當學
不盼視入白衣舍應當學
小聲入白衣舍應當學
不自大入白衣舍應當學
不胡懸入白衣舍應當學
不覆頭入白衣舍應當學
不揲頭入白衣舍應當學
不扠腰入白衣舍應當學
不現匈入白衣舍應當學
不現脇入白衣舍應當學

不左右反抄衣白衣舍坐應當學　不放衣抛入白衣舍應當學
不放衣抛白衣舍坐應當學　不抛擗入白衣舍應當學
不抛擗白衣舍坐應當學　不抛肩入白衣舍應當學
不抛肩白衣舍坐應當學　不搖頭入白衣舍應當學
不搖頭白衣舍坐應當學　不搖身入白衣舍應當學
不搖身白衣舍坐應當學　不携手入白衣舍應當學
不携手白衣舍坐應當學　不擗行入白衣舍應當學
不擗行白衣舍坐應當學　不累脚入白衣舍應當學
不累脚白衣舍坐應當學　不掌扶頰白衣舍坐爲白衣唉故應當
一心受食應當學　一心受羹應當學
不溢鉢受食應當學　美飯等食應當學
不覆羹食應當學　不鉢中揮好食應當學
不大團飯食應當學　團飯可口食應當學
大張口待食應當學　不含飯語應當學

大張口待食應當學　不含飯語應當學
不嗤半食應當學　不嚼食作聲應當學
不全吞食應當學　不咮咽食々應當學
不吐舌食應當學　不嗅食々應當學
不舐手食應當學　不指鉢食應當學
不棄飯食應當學　不振手食應當學
不污手受食器應當學　不病不得為身索若飯羹應當學
不應以飯覆羹更望得應當學　不得息心看比坐鉢中食應當學
次第食應當學　不應以洗食鉢水棄白衣舍內除語檀越應當學
騎乘人不應為說法除病應當學　人在前比丘尼在後不應為說法除病應當學
人在道中比丘尼在外不應為說法除病應當學　人在高坐比丘尼在下坐不應為說法除病應當學
人坐比丘尼立不應為說法除病應當學　人卧比丘尼坐不應為說法除病應當學
人覆頭不應為說法除病應當學　人襆頭不應為說法除病應當學
人扠腰不應為說法除病應當學　人覗胸不應為說法除病應當學

人著木屐不應為說法除病應當學
人捉杖不應為說法除病應當學
人著草屣不應為說法除病應當學
人捉蓋不應為說法除病應當學
人捉五尺刀不應為說法除病應當學
人捉小刀不應為說法除病應當學
人捉弓箭種種兵杖不應為說法除病應當學
不應生草上大小便涕唾除病應當學
不應淨用水處大小便涕唾除病應當學
樹過人不應上除大因緣應當學
諸善女已說眾學法今問諸善女是中清淨不第二第三亦問是中
清淨不諸善女是中清淨嘿然故是事如是持
諸善女是七滅諍法半月半月戒經中來
應與現前毗尼人當與現前毗尼
應與憶念毗尼人當與憶念毗尼
應與不癡毗尼人當與不癡毗尼
應與自言治人當與自言治
應與覓罪相當與覓罪相
應與多覓罪人當與多覓罪
種種僧中諍事生如草布地除滅應當學
諸善女已說七滅諍法今問諸善女是中清淨不第二第三亦如是問
諸善女是中清淨不是中清淨嘿然故是事如是持

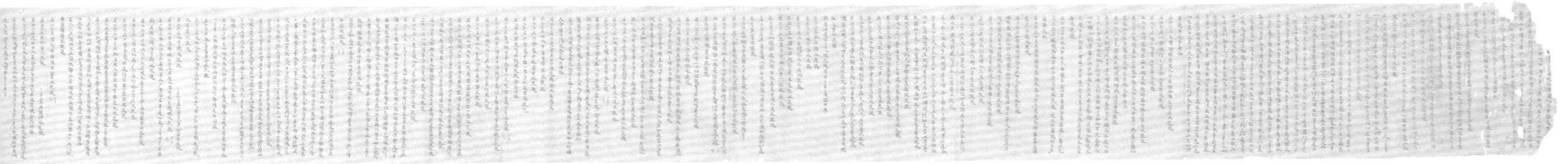

諸善女是中清淨不是中清淨嘿然故是事如是持
諸善女已說戒序法已說八波羅夷法已說十七僧伽婆尸沙法已說
卅尼薩耆波逸提法已說百七十八波逸提法已說八波羅提提舍尼法已
說衆學法已說七滅諍法是事入佛經中半半月半月戒經中說及餘
隨道戒法是中諸善女一心歡喜不諍一學一道和合安樂應當學
忍辱第一道　涅槃佛稱最　出家惱他人　不名爲沙門
譬如明眼人　能避嶮惡道　世有聰明人　能遠離諸惡
不惱不說過　如戒所說行　飲食知節量　常樂在空閑
心淨樂精進　是名諸佛教　譬如蜂採花　不壞色与香
但取其味去　比丘出聚然　不破壞他事　不觀作不作
但自觀身行　諦視善不善　欲得好心　莫放逸
聖人善法當勤學　若有智慧一心人　乃能无復憂惱患　一切惡莫作
當具足善法　自淨其志意　是則諸佛教　護身爲善哉
能護口亦善　護意爲善哉　護一切亦善　若人護一切

見他為惡自不作　七佛為世尊　能救護世間　所說是戒經
我已廣說竟　諸佛及弟子　恭敬是戒經　恭敬戒經已
各各相恭敬　慚愧得具足　能得无為道　已說戒經竟
僧一心作布薩

比丘尼戒壹卷

比丘尼戒壹卷

BD00199

金剛般若波羅蜜經

（後秦）鳩摩羅什 譯

173cm × 27cm

經
人悉見是
成就無量無邊功德
須菩提若有善男子善女人初日分以恒河
沙等身布施中日分復以恒河沙等身布施
後日分亦以恒河沙等身布施如是無量百
千万億劫以身布施若復有人聞此經典信
心不逆其福勝彼何況書寫受持讀誦為人
解說須菩提以要言之是經有不可思議不
可稱量無邊功德如來為發大乘者說為發
最上乘者說若有人能受持讀誦廣為人說
如來悉知是人悉見是人皆得成就不可量
不可稱無有邊不可思議功德如是人等則
為荷擔如來阿耨多羅三藐三菩提何以故

菩提在在處處若有此經一切世間天人阿
脩羅所應供養當知此處則為是塔皆應恭
敬作礼圍繞以諸華香而散其處
復次須菩提善男子善女人受持讀誦此經
若為人輕賤是人先世罪業應墮惡道以今
世人輕賤故先世罪業則為消滅當得阿耨
多羅三藐三菩提須菩提我念過去無量阿
僧祇劫於然燈佛前得值八百四千万億那
由他諸佛悉皆供養承事無空過者若復有
人於後末世能受持讀誦此經所得功德於
我所供養諸佛功德百分不及一千万億分
乃至筭數譬喻所不能及須菩提若善男子
善女人於後末世有受持讀誦此經所得功
德我若具說者或有人聞心則狂亂狐疑不

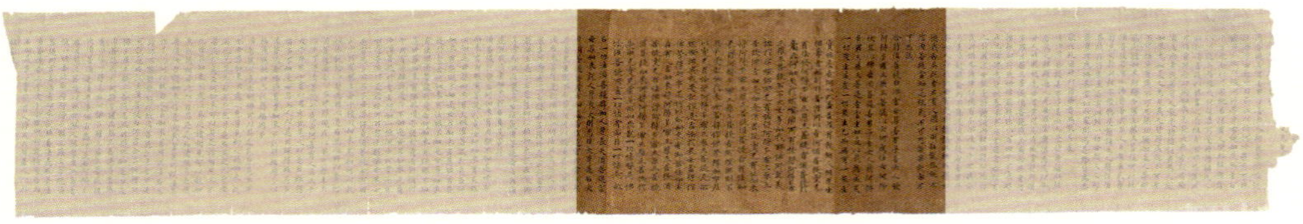

善女人於後末世有受持讀誦此經所得功
德我若具說者或有人聞心則狂亂狐疑不
信須菩提當知是經義不可思議果報亦不
可思議
尒時須菩提白佛言世尊善男子善女人發
阿耨多羅三藐三菩提心云何應住云何降
伏其心佛告須菩提善男子善女人發阿耨
多羅三藐三菩提者當生如是心我應滅度
一切衆生滅度一切衆生已而無有一衆生
實滅度者何以故若菩薩有我相人相衆生
相壽者相則非菩薩所以者何須菩提實无
有法發阿耨多羅三藐三菩提者須菩提於
意云何如來於然燈佛所有法得阿耨多羅
三藐三菩提不不也世尊如我解佛所說義

得阿耨多羅三藐三菩提須菩提若有法如
来得阿耨多羅三藐三菩提者然燈佛則不
與我受記汝於来世當得作佛号釋迦牟尼
以實无有法得阿耨多羅三藐三菩提是故
然燈佛與我受記作是言汝於来世當得作
佛号釋迦牟尼何以故如来者即諸法如義
若有人言如来得阿耨多羅三藐三菩提須
菩提實无有法佛得阿耨多羅三藐三菩提
須菩提如来所得阿耨多羅三藐三菩提於
是中无實无虛是故如来說一切法皆是佛
法須菩提所言一切法者即非一切法是故
名一切法須菩提譬如人身長大須菩提言
世尊如来說人身長大則為非大身是名大
身須菩提菩薩亦如是若作是言我當滅度

名一切法須菩提譬如人身長大須菩提言
世尊如来說人身長大則為非大身是名大
身須菩提菩薩亦如是若作是言我當滅度
無量衆生則不名菩薩何以故須菩提無有
法名為菩薩是故佛說一切法無我無人無
衆生無壽者須菩提若菩薩作是言我當莊
嚴佛土是不名菩薩何以故如来說莊嚴佛
土者即非莊嚴是名莊嚴須菩提若菩薩通
達無我法者如来說名真是菩薩
須菩提扵意云何如来有肉眼不如是世尊
如来有肉眼須菩提扵意云何如来有天眼
不如是世尊如来有天眼須菩提扵意云何
如来有慧眼不如是世尊如来有慧眼須菩
提扵意云何如来有法眼不如是世尊如来
有法眼須菩提扵意云何如来有佛眼不如

中所有沙佛說是沙不如是世尊如來說是
沙須菩提於意云何如一恒河中所有沙有
如是等恒河是諸恒河所有沙數佛世界如
是寧為多不甚多世尊佛告須菩提尒所國
土中所有衆生若干種心如來悉知何以故
如來說諸心皆為非心是名為心所以者何
須菩提過去心不可得現在心不可得未來
心不可得須菩提於意云何若有人滿三千
大千世界七寶以用布施是人以是因緣得
福多不如是世尊此人以是因緣得福甚多
須菩提若福德有實如來不說得福德多以
福德無故如來說得福德多
須菩提於意云何佛可以具足色身見不不
也世尊如來不應以色身見何以故如來說

須菩提於意云何佛可以具足色身見不不
也世尊如来不應以色身見何以故如来說
具足色身即非具足色身是名具足色身須
菩提於意云何如来可以具足諸相見不不
也世尊如来不應以具足諸相見何以故如
来說諸相具足即非具足是名諸相具足須
菩提汝勿謂如来作是念我當有所說法莫
作是念何以故若人言如来有所說法即為
謗佛不能解我所說故須菩提說法者無法
可說是名說法須菩提白佛言世尊佛得阿
耨多羅三藐三菩提為無所得耶如是如是
須菩提我於阿耨多羅三藐三菩提乃至無
有少法可得是名阿耨多羅三藐三菩提復
次須菩提是法平等無有高下是名阿耨多
羅三藐三菩提以無我無人無衆生無壽者

菩提所言善法者如来說非善法是名善法

須菩提若三千大千世界中所有諸須弥山

王如是等七寶聚有人持用布施若人以此

般若波

BD00200 大般若波羅蜜多經卷五七〇

（唐）玄奘 譯

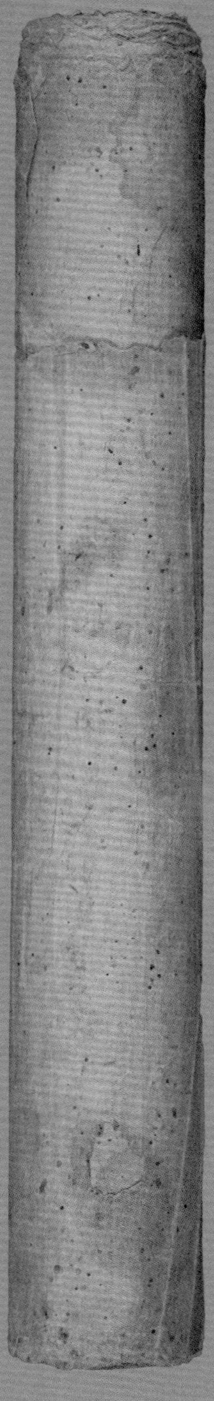

513.5cm × 27.1cm

即從座起偏覆左肩右膝著地合掌恭
白佛言世尊何緣現此瑞相尒時佛告
子言此眾勝天已曾過去无量无數无
劫於諸佛所脩行一切波羅蜜多為諸菩薩
守護般若波羅蜜多由此因緣今得值我諸
受般若波羅蜜多於未來世復經无量无數大
劫脩習无上菩提資根然後證得所求无上正
等菩提十号具足佛名功德莊嚴土名眾極
嚴淨劫名清淨其土豐樂人眾熾盛純菩
薩僧無聲聞眾彼土大地七寶合成眾寶
莊嚴平坦如掌香花軟草而嚴飾之无諸山
陵堆阜荊棘幢幡花蓋種種莊嚴有大都城
名為難伏七寶羅納弥覆其上金繩交絡甬

宮人天往來不相隔礙无三惡趣及二乘名
彼土有情唯求佛智其佛恒為諸大菩薩宣
說種種清淨法要无量无邊菩薩眷屬无耶
見執破戒耶命亦无盲聾瘖瘂背僂及根缺
等諸醜惡事二十八相莊嚴其身彼土如來
壽八小劫諸人天衆无中夭者佛有如是无
量功德若欲說法先放光明諸菩薩衆遇斯
光已即知世尊將欲說法我等今者宜應往
聽時天為佛敷師子座其量高廣百踰繕那
種種莊嚴无量供養世尊昇座為衆說法彼
諸菩薩聰明利根一聞領悟離我我所資具
飲食應念即至佛說衆勝受記法時五万天
人深心歡喜俱發无上正等覺心皆願未來
故佛告尒時衆會聞佛所說喜踊躍得

之深心歡喜俱發无上正等覺心皆願未來
生彼佛土尒時最勝聞佛所說喜躍得
未曾有上昇虛空七多羅樹時三千界六種
震動諸天伎樂不鼓自鳴散衆天花以供養
佛及大菩薩最勝天王時彼天王從空而下
礼佛雙足退坐一面
第六示現相品第八
時舍利子問最勝言菩薩脩行甚深般若波
羅蜜多方便善巧通達法性尒時即應坐菩
提座證得无上正等菩提轉妙法輪度有情
衆何緣先現若行六年降伏天魔後成正覺
最勝荅曰大德當知菩薩脩行甚深般若波
最蜜多方便善巧通達法性實无若行為伏
外道故示現之而彼天魔是欲界主稟性調善

奉[illegible]
苦行謂諸有情或見菩薩屈一膝立或見菩
薩舉兩手立或見菩薩視日而立或見菩薩
五熱炙身或見菩薩倒懸其身或見菩薩卧
於棘刺或卧牛糞或坐於石或復卧地或卧
其板或卧杵上或卧灰土或見菩薩唯著板衣
或著芒衣或著草衣或著樹皮或著苐衣
或復露形或面向日隨日而轉或見菩薩唯食
稗子或復食麦或食草根或食樹菜或花
或果或食署蕷或芋或藕或豆或穀或麻或
米或六日一食或飲水度日或於一日食一滴
藕或一滴蜜或一滴乳或无所食或　恒熱
眠現如是等種種苦行經於六年一无虧失
然實菩薩无斯苦行應度有情而自見有菩
薩如是現苦行時有六十那庾多諸天人衆

BD00200　大般若波羅蜜多經卷五七〇

薩如是現苦行時有六十那庾多諸天人衆
因見此事安住三乘復有天人宿善根力深
樂大乘則見菩薩坐七寶臺身心不種辟
顏含咲入勝等持時經六年方從起有天
人衆深樂大乘欲聽聞者則見菩薩端坐說
法經六年大德當知如是菩薩方便善巧行
深般若波羅蜜多能降天魔伏諸外道大
悲化度一切有情既經六年從定而起隨順世
法詣無垢河洗浴出已於河邊立有牧牛女
構百乳牛以飲一牛構此牛乳用作乳糜奉
獻菩薩復有六億天龍藥叉健達縛等各
持種種香美飲食而來奉獻咸作是言大士
大士唯願受我飲食供養菩薩皆悉爲
受持牧牛女天龍藥叉健達縛等手手不相見

尒時實不洗浴亦不受彼人天等供大德當知
如是菩薩行深般若波羅蜜多方便善巧亦
現行詣菩提座時有地居天名曰妙地與天
神衆周遍掃飾灑以香水散以妙花時此三
千大千世界四大天王領自天衆雨天妙花
供養菩薩天主帝釋時分天王領自天衆住
虛空中奏天樂音讚歎菩薩善足天王領自
天衆持七寶網彌覆世界其網四角懸此金
鈴皆雨衆寶供養菩薩善化天王領自天衆
持紫金網彌覆世界作諸天樂雨種種花供
養菩薩自在天王領自天衆諸龍藥叉健達
縛等各持種種上妙供具供養菩薩堪忍
界主大梵天王既見菩薩詣菩提座即告一
切梵天衆言汝等當知今此菩薩堅固甲冑

BD00200　大般若波羅蜜多經卷五七〇

切梵天衆言汝等當知今此菩薩堅固甲胄
而自莊嚴不違本誓心無厭怠諸菩薩行皆已
滿足通達無量化有情法諸菩薩地以得自
在於諸有情其心清淨善知一切根性差別
通達如來甚深秘藏超覺一切魔之事業集
諸善本不待外緣一切如來共所護念普為
含識開解脫門大將導師摧魔軍敵於
大千界獨稱勇猛善施法樂為大醫王解
脫灌頂受法王位放智慧光普照一切法不染
辟如蓮花諸總持門无不通達深廣難測猶
若大海安固不動妙高山智慧清淨无諸
垢濁內外皎潔如末尼珠於諸法相皆得自
在梵行清白已到究竟如是菩薩行深般若
波羅蜜多方便善巧為度有情詣菩提座結

大法輪作師子吼以法普施一切有情令隨
所宜皆令滿足為諸有情法眼清淨以无上
法降伏外道欲示諸佛本願成就於一切法
而得自在汝等可往供養菩薩大德當知如
是菩薩行深般若波羅蜜多方便善巧示現
行詣菩提座時於雙足下千輻輪相各放
无量微妙光明普照地獄傍生鬼界其中有
情遇斯光者即皆離苦身心安樂時龍宮內
有大龍王名迦履迦遇斯光已生大歡喜告
諸龍言此妙光明來照我等令我等輩身心
安樂我於往昔曾見此光時有如來出興于
世今既有此微妙光明定知世間有佛出現
宜共嚴辦種種香花眾妙珍財幢幡蓋往
諸彼樂往詣供養於是龍王將諸眷屬齎持
供具普興大雲降灑香雨往詣菩薩住諸彼

BD00200　大般若波羅蜜多經卷五七〇

諸彼樂往詣供養於是龍王將諸眷屬賫持
供具普興大雲降灑香雨往詣菩薩住諸彼
樂施設供養右遶菩薩而讚歎言彼妙光明
普令歡樂決定最勝佛出无疑種種奇珎莊
嚴大地所生草木悉變成寶江河皆靜无風
浪聲准此定知佛出於世釋梵日月光明不
現惡趣清淨佛出无疑譬如有人少失父母
年既長大忽然還得歡喜踊躍不能自勝一
切世間覩佛出現各共歡慶亦復如是我等
過去曾供諸佛今值法王人中師子是則我
等生不空過大德當知如是菩薩行深般若
波羅蜜多方便善巧菩提樹下受草敷座右
遶七帀正念端坐下劣有情見如是相諸天
菩薩見有八万四千天子各別敷一大師子
座諸師子座衆寶合成七寶羅納弥覆其

天子等不相見各謂菩薩獨坐我座證得无
上正等菩提以是因緣深生歡喜於无上覺
皆得不退大德當知如是菩薩行深般若波
羅蜜多方便善巧眉間毫相放大光明普照
三千大千世界諸魔宮殿皆失威光時諸魔
王咸作是念以何緣故有此光明映蔽我等
威光宮殿詎非菩薩坐菩提座將證无上正
等菩提念已共觀方見菩薩薩樹下坐金
剛座見已驚怖召集魔軍无量百千種形貌
持種種仗種種幢幡出種種聲能令聞者
竅穴毛孔並皆流血菩薩尒時以大悲力令
魔軍衆不能出聲是名菩薩行深般若波羅
蜜多方便善巧大德當知如是菩薩行深般
若波羅蜜多方便善巧憶念過去无量億劫

BD00200　大般若波羅蜜多經卷五七〇

若波羅蜜多方便善巧憶念過去无量億劫
精進脩行布施淨戒安忍精進靜慮般若
慈悲喜捨念住正斷神足根力覺支道支寂
止妙觀三明八解皆悉圓滿念已即申金色右
手自摩其頂乃至遍身作如是言我欲濟拔
有情衆苦而起大悲時諸魔王及彼眷屬聞
菩薩語即皆顛仆菩薩尒時以大悲力令諸
魔衆聞空中聲汝可歸依能施无畏救護一
切淨戒大仙魔及眷屬聞此聲已猶伏在地
作如是言唯願大仙救濟我命是時菩薩依
此般若波羅蜜多方便善巧放大光明其有
遇者皆離怖畏魔及眷屬覩斯神變怖歡
喜二事交懷大德當知如是菩薩行此般若
波羅蜜多方便善巧令諸有情所見各別謂
或有見如是降魔或有有情不見斯事或見

[illegible]
其相亦別謂或見是捭鉢羅樹或有見是天
圓彩樹或見此樹衆寶合成或見此樹高七
多羅或見此樹八萬四千踰繕那量有師子
座四萬二千踰繕那量在此樹下菩薩坐之
或見菩薩遊戲空中或見坐於菩提樹下如
是菩薩行深般若波羅蜜多方便善巧亦現
種種神通變化度諸有情大德當知如是菩
薩深般若波羅蜜多方便善巧坐菩提座
十方各如殑伽沙界无量无數无邊菩薩皆
悲來集住虛空中發種種聲安慰菩薩令身
安樂心生歡喜善哉大士勇猛精進速疾成
辦廣大吉祥心如金剛勿生怖懼神通遊戲利
樂有情能一剎那證一切智如是菩薩處菩薩
座魔來擾亂都不生一剎那證一切智如是善巧能
[illegible]

座魔來擾亂都不生一剎那證一切智如是善巧能
與般若波羅蜜多理趣相應乃至究竟通達
一切所知見覺大德當知如是菩薩行深般
若波羅蜜多方便善巧坐菩提座十方各如
殑伽沙界所有諸佛異口同音讚言善哉善
哉大士乃能達自然智无礙智平等智无
師智大悲莊嚴大德當知如是菩薩行深般
若波羅蜜多方便善巧能作如是種種示現
諸有類或見菩薩令得菩提或見菩薩久
已成佛或有但見一世界中四大天王各奉獻
鉢或復有見十方各如殑伽沙界四大天王各
奉獻鉢尒時菩薩為有情故愍受衆鉢重
疊掌中手按之令合成一諸四天王各不
相見咸謂世尊獨受我鉢尒時便有六万天
子乘宿願力先來獻供彼於過去作是願言

菩薩皆於无上正等菩提得不退轉八万人
天遠塵離垢生淨法眼无量无邊諸有情類
俱發无上正等覺心
大德當知尒時菩薩依深般若波羅蜜多方
便善巧將欲示現轉大法輪堪忍界主持髻
梵王應時便與六十八萬諸梵天衆來至佛所
頂礼雙足合掌恭敬右遶七帀而三讃言唯
願大悲哀愍我等轉大法輪唯願大悲哀愍
我等轉大法輪唯願大悲哀愍我等轉大
法輪既三請已即便化作大師子座其座高
廣四万二千踰繕那量種種莊嚴堅固安隱
時十方界各有无量天主帝釋皆為如來敷
師子座量及莊嚴亦復如是菩薩尒時現神
通力令彼諸天各見菩薩坐其座上而轉法
輪菩薩既坐此師子座入无邊實三摩地開

BD00200　大般若波羅蜜多經卷五七〇

通力令彼諸天各見菩薩坐其座上而轉法
輪菩薩既坐此師子座入無邊境三摩地門
放大光明照十方面各如殑伽沙等世界復
令欲界六種變動其中有情衆若暫息身
心安樂亦暫遠離貪瞋癡等惡不善法慈心
相向猶如父母子時此三千大千世界靡有開
隟如一毛孔天龍藥叉健達縛阿素洛路荼
緊捺洛莫呼伽人非人等充滿其中若諸
有情應聞若法而受化者聞佛說若應聞
無我寂靜遠離無常空法而受化者亦復如
是應聞如幻而受化者聞說如幻應聞如夢
響像光影陽焰變化尋香城法而受化者亦
復如是應聞空無相無願解脫門而受化者
聞佛說空無相無願時有情類或聞如來說
一切法從因緣生或聞說蘊或聞說界或聞說

有聞說寂止妙觀或有聞諸聲聞法或有
聞說諸覺法或有聞說諸菩薩法如是菩
薩行深般若波羅蜜多方便善巧示現種種
轉法輪相隨諸有情根性差別各得利樂深
心歡喜時舍利子謂最勝言天王菩薩行深
般若波羅蜜多方便善巧所有境界極為甚
深難思難議難知難入最勝報言大德菩薩
行深般若波羅蜜多方便善巧功德勝事无
量无邊我今所說百分千分乃至鄔波尼殺
曇分不得其一唯有如來乃能盡說我今所
說彼少分者皆承如來威神之力何以故諸
佛境界不思議一生所繫諸菩薩眾說其
功德尚不能盡況餘菩薩大德當知諸佛境
界寂靜離說無分別智及後所得之所能了
大德當知若菩薩摩訶薩欲得證入諸佛境

BD00200　大般若波羅蜜多經卷五七〇

大德當知若菩薩摩訶薩欲得證入諸佛境
界應覺般若波羅蜜多方便善巧究竟通
達健行三摩地如幻三摩地金剛喻三摩地
金剛輪三摩地無動遠三摩地遍通達三摩
地不緣境界三摩地師自在三摩地三摩地
王三摩地功德莊嚴三摩地寂靜慧三摩地
普超越三摩地无染著三摩地慧莊嚴王三
摩地无等等三摩地等覺三摩地正覺三摩
地悅意三摩地歡喜三摩地清淨三摩地火
焰三摩地光明三摩地難勝三摩地常現前
三摩地不合和三摩地无生三摩地通達三摩
地最勝三摩地超過魔境三摩地一切智慧
三摩地幢相三摩地大悲三摩地安樂三摩
地受念三摩地及不見法三摩地等大德當
知若菩薩摩訶薩能學般若波羅蜜多方

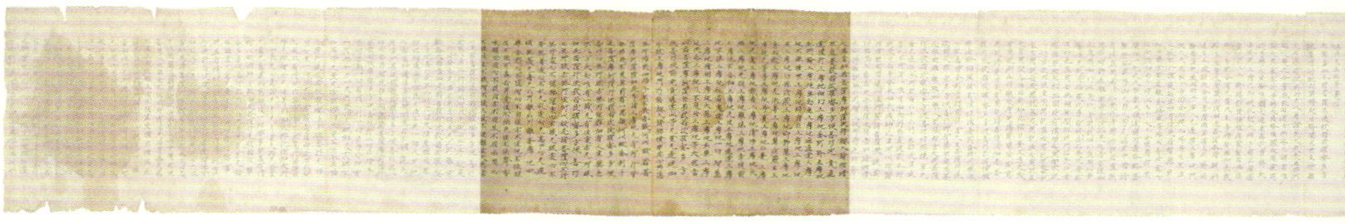

無所怖畏如師子王不畏禽獸何以故若菩
薩摩訶薩脩如是等諸三摩地凡有所行皆
無怖畏不見其前有一惡敵何以故舍利子
是菩薩摩訶薩行深般若波羅蜜多方便
善巧心無所緣亦無所住譬如有人生無色
界八万大劫唯有一識无有住處亦无所緣
如是菩薩行深般若波羅蜜多方便善巧
心無所緣亦無所住何以故是諸菩薩心不行
無行處心不想無想處心不緣无緣處心不
著無著處心不亂无亂處心无高下心无違
順無憂无喜无分別離分別離奢摩他毗
鉢舍那心不隨智心不自住亦不住他不依眼
住不依耳鼻舌身意住不依色住不依聲香
味觸法住心不在內亦不在外不在兩間心
不緣法亦不緣智不住三世不住離世大德當

BD00200　大般若波羅蜜多經卷五七〇

味解法住心不在內亦不在外不在兩間心
不緣法亦不緣智不住三世不住離世大德當
知是諸菩薩行深般若波羅蜜多方便善巧
不取一法而於諸法智見无礙心行淨故見
一切法皆悉无始不取見相見无分別離諸
戲論大德當知是諸菩薩行深般若波羅蜜
多方便善巧不與一切肉眼天眼慧眼法眼
佛眼相應非不相應亦復不與一切天耳他
心宿住神境漏盡諸智相應非不相應大
德當知甚深般若波羅蜜多方便善巧與一
切法皆非相應非不相應諸菩薩摩訶薩行
深般若波羅蜜多方便善巧於一切法得平
等智能觀一切有情心行一切染淨皆如實
知於佛十力四无所畏四无礙解及十八佛不
共法等无量无邊諸佛功德皆不失念是諸

定教化有情施作佛事常不休息於諸佛法
得无礙智心无染著譬如化佛化作如來所
化如來无心意識无身无身業无語无語業
无意无意業而能施作一切佛事饒益有情
何以故佛神力故如是菩薩行深般若波羅
蜜多方便善巧之所化作无身无身業无語
無語業无意无意業无功用心常作佛事
饒益有情何以故舍利子諸菩薩摩訶薩
行深般若波羅蜜多方便善巧通達諸法皆
如幻等心无分別而諸有情恒聞說法大德
當知是諸菩薩所有智慧不住有為不住无為
不住諸蘊及諸界處不住内外及兩中間不住
善惡及世出世不住染淨有漏无漏有為无為
不住三世及離三世不住虛空擇非擇滅是
諸菩薩行深般若波羅蜜多方便善巧雖

BD00200　大般若波羅蜜多經卷五七〇

諸菩薩行深般若波羅蜜多方便善巧雖
常如是心无所住而能通達諸法相以无礙智
无功用心為諸有情宣説諸法常在寂靜而
教化事无有休息是諸菩薩宿願力纏无功
用心為他説法是諸菩薩由深般若波羅蜜
多方便善巧常无怖畏何以故執金剛神若
行若立若坐若卧恒常随逐而守衛故大德
當知若菩薩摩訶薩聞説如是甚深般若波
羅蜜多心不驚怖无憂无疑當知已得受菩
提記何以故信受般若波羅蜜多方便善巧
近佛境界以此一心即能通達一切佛法達
佛法故利樂有情不見有情與佛法異何以

BD00201 妙法蓮華經卷三

（後秦）鳩摩羅什 譯

264.7cm × 26.9cm

佛法猶不在前尒時忉利諸天先為彼佛於
菩提樹下敷師子座高一由旬佛於此座當
得阿耨多羅三藐三菩提適坐此座時諸梵
天王雨衆天華面百由旬香風時來吹去萎
華更雨新者如是不絕滿十小劫供養於
佛乃至滅度常雨此華四王諸天為供養佛
常擊天鼓其餘諸天伎樂滿十小劫至于滅
度亦復如是諸比丘大通智勝佛過十小
劫諸佛之法乃現在前成阿耨多羅三藐三
菩提其佛未出家時有十六王子其第一
者名曰智積諸子各有種種珍異玩好之具
聞父得成阿耨多羅三藐三菩提皆捨所珍
往詣佛所諸母涕泣而隨送之其祖轉輪聖王與

尊重讚歎到已頭面礼足繞佛畢已一心合掌
瞻仰世尊以偈頌曰
大威德世尊　為度衆生故　於无量億劫　尒時得成佛
諸願已具足　善哉吉无上　世尊甚希有　一坐十小劫
身體及手足　靜然安不動　其心常憺怕　未曾有散亂
究竟永寂滅　安住无漏法　今者見世尊　安隱成佛道
我等得善利　稱慶大歡喜　衆生常苦惱　盲瞑无導師
不識苦盡道　不知求解脫　長夜增惡趣　減損諸天衆
從瞑入於瞑　永不聞佛名　今佛得最上　安隱无漏法
我等及天人　為得最大利　是故咸稽首　歸命无上尊
尒時十六王子偈讚佛已勸請世尊轉於法輪咸
作是言世尊說法多所安隱憐愍饒益諸天
人民重說偈言

人民重說偈言
雄无等倫 百福自莊嚴 得无上智慧 願為世間說
度脫於我等 及諸衆生類 為分別顯示 令得是智慧
若我等得佛 衆生亦復然 世尊知衆生 深心之所念
亦知所行道 又知智慧力 欲樂及脩福 宿命所行業
世尊悉知已 當轉无上輪
佛告諸比丘 大通智勝佛得阿耨多羅三藐
三菩提時 十方各五百万億諸佛世界六種
震動 其國中間幽冥之處日月威光所不能
照而皆大明 其中衆生各得相見咸作是言
此中云何忽生衆生 又其國界諸天宮殿乃
至梵宮六種震動 大光普照遍滿世界 勝諸
天光 尒時東方五百万億諸國土中梵天宮

相是時諸梵天王即各相詣共議此事而彼
衆中有一大梵天王名救一切為諸梵衆而
說偈言
我等諸宮殿　光明昔未有　此是何因緣　宜各共求之
為大德天生　為佛出世間　而此大光明　遍照於十方
尒時五万億國土諸梵天王與宮殿俱各以衣
祴盛諸天華共詣西方推尋是相見大通智
勝如来處于道場菩提樹下坐師子座諸天
龍王乾闥婆緊那羅摩睺羅伽人非人等恭敬
圍繞乃見十六王子請佛轉法輪即時諸梵
天王頭面礼佛繞百千帀即以天華而散佛
上其所散華如須彌山并以供養佛菩提樹
其菩提樹高十由旬華供養已各以宮殿奉

天王頭面礼佛繞百千迊即以天華而散佛
上其所散華如須弥山并以供養佛菩提樹
其菩提樹高十由旬華供養已各以宮殿奉
上彼佛而作是言唯見哀愍饒益我等所獻
宮殿願垂納受尒時諸梵天王即於佛前一
心同聲以偈頌曰
世尊甚希有　難可得值遇　具无量功德　能救護一切
天人之大師　哀愍於世間　十方諸衆生　普皆蒙饒益
我等所從來　五百万億國　捨深禪定樂　為供養佛故
我等先世福　宮殿甚嚴飾　今以奉世尊　唯願哀納受
尒時諸梵天王偈讚佛已各作是言唯願世尊
轉於法輪度脫衆生開涅槃道時諸梵天王一心
同聲而說偈言

南方五百万億國土諸大梵王各自見宮殿光
明照曜昔所未曾有歡喜踊躍生希有心即各
相詣共議此事而彼衆中有一大梵天王名曰大
悲為諸梵衆而説偈言
是事何因緣　而現如此事　我等諸宮殿　光明昔未有
為大德天生　為佛出世間　未曾見此相　當共一心求
過千万億土　尋光共推之　多是佛出世　度脱苦衆生
尒時五百万億諸梵天王與宮殿俱各以衣裓
盛諸天華共詣西北方推尋是相見大通智
勝如来處于道場菩提樹下坐師子座諸天
龍王乾闥婆緊那羅摩睺羅伽人非人等恭
敬圍繞及見十六王子請佛轉法輪時諸梵天王
頭面礼佛繞百千匝即以天華而散佛上所散

敬圍繞及見十六王子請佛轉法輪時諸梵天王
頭面礼佛繞百千迊即以天華而散佛上所散
之華如須弥山并以供養佛菩提樹華供養
已各以宮殿奉上彼佛而作是言唯見哀愍饒
益我等所獻宮殿願垂納處尒時諸梵天王
即於佛前一心同聲以偈頌曰

聖主天中天　迦陵頻伽聲　哀愍衆生者　我等今敬礼
世尊甚希有　久遠乃一現　一百八十劫　空過无有佛
三惡道充滿　諸天衆減少　今佛出於世　為衆生作眼
世間所歸趣　救護於一切　為衆生之父　哀愍饒益者
我等宿福慶　今得值世尊

尒時諸梵天王偈讚佛已各作是言唯願世
尊哀愍一切轉於法輪度脫衆生時梵天王

[illegible]

衆生聞此法　得道若生天　諸惡道減少　忍善者增益

尒時大通智勝如來嘿然許之又諸比丘南方

五百万億國土諸大梵王各自見宮殿光明

照曜昔所未有歡喜踊躍生希有心即各相

詣共議此事以何因緣我等宮殿有此光曜

而彼衆中有一大梵天王名曰妙法為諸梵

衆而說偈言

我等諸宮殿　光明甚威曜　此非无因緣　是相宜求之

過於百千劫　未曾見是相　為大德天生　為佛出世間

尒時五百万億諸梵天王與宮殿俱各以衣裓

盛諸天華共詣北方推尋是相見大通智勝如

來處于道場菩提樹下坐師子座諸天龍王

乹闥婆緊那羅摩睺羅伽人非人等恭敬圍繞

[illegible]

来處于道場菩提樹下坐師子座諸天龍王
乹闥婆緊那羅摩睺羅伽人非人等恭敬圍繞
及見十六王子請佛轉法輪即時諸梵天王頭面
礼佛繞百千匝即以天華而散佛上所散之華
如須弥山并以供養佛菩提樹華供養已各以
宮殿奉上彼佛而作是言唯見哀愍饒益我
等所獻宮殿願垂納處尒時諸梵天王即於佛
前一心同聲以偈頌曰
世尊甚難見　破諸煩惱者　過百三十劫　今乃得一見
諸飢渴衆生　以法雨充滿　昔所未曾覩　无量智慧者
如優曇鉢華　今日乃值遇　我等諸宮殿　蒙光故嚴飾
世尊大慈愍　唯願垂納受
尒時諸梵天王偈讚佛已各作是言唯願世

同聲以偈頌曰
唯願天人尊　轉无上法輪　擊于大法鼓　而吹大法螺
普雨大法雨　度无量衆生　我等咸歸請　當演深遠音
尒時大通智勝如來嘿然許之西南方乃至下
方亦復如是尒時上方五百万億國土諸大梵
王皆悉自覩所止宮殿光明威曜昔所未有
歡喜踊躍生希有心即各相詣共議此事以
何因緣我等宮殿有斯光明而彼衆中有一大
梵天王名曰尸棄為梵衆而說偈言
今以何因緣　我等諸宮殿　威德光明曜　嚴飾未曾有
如是之妙相　昔所未聞見　為大德天生　為佛出世間
尒時五百万億諸梵天王與宮殿俱各以衣裓
盛諸天華共詣下方推尋是相見大通智勝

威諸天華共詣下方推尋是相見大通智勝
如来處於道場菩提樹下坐師子座諸天龍
王乾闥婆緊那羅摩睺羅伽人非人等恭敬
圍繞及見十六王子請佛轉法輪時諸梵天王
頭面礼佛繞百千匝即以天華而散佛上所散
之華如須弥山并以供養佛菩提樹下華供
養已各以宮殿奉上彼佛而作是言唯願見哀
愍饒益我等所獻宮殿願垂納處尒時諸梵天
王即於佛前一心同聲以偈頌曰
善哉見諸佛　救世之世尊　能於三界獄　挽出諸衆生
普智天人尊　愍哀群萌類　能開甘露門　廣度於一切
於昔无量劫　空過无有佛　世尊未出時　十方常暗暝
三悪道增長　阿脩羅亦盛　諸天衆轉減　死多墮悪道

[illegible]　住於邪見法　不識善儀則
不蒙佛所教　常墮於惡道　佛為世間眼　久遠時乃出
哀愍諸衆生　故現於世間　超出成正覺　我等甚欣慶
及餘一切衆　喜歎未曾有　我等諸宮殿　蒙光故嚴飾
今以奉世尊　唯垂哀納受　願以此功德　普及於一切
我等與衆生　皆共成佛道
尒時五百万億諸梵天王偈讚佛已各白佛言
唯願世尊轉於法輪多所安隱多所度脫時諸

BD00202　思益梵天所問經（异本）卷四

（後秦）鳩摩羅什 譯

1074.7cm × 25cm

……一世……也若菩薩起二
相發菩提心作是念生死與菩提異邪見與
菩提異但縣與菩提異是則不行菩提道也
尒時思益梵天謂文殊師利菩薩云何行菩
菩提行答言若菩薩行一切法而於法无所
行是名菩提行所以者何出過一切所行是
行菩提又問云何出過一切所行是行菩提
答言離眼耳鼻舌身意諸緣相是名出過一
……行又問出過有何義答言不出過平等
者何一切法平等即是菩提又問云何
……提願答言當如菩提……問云何為菩
提答言菩提非過去非未來非現在是故菩

説如是發願无所發願是發一切願所以者
何以是行道能得薩婆若又問何故説言薩
婆若荅言悉知一切真智慧名薩婆若又問
何等是真智慧荅言无變異相如衆生无變
異相真智慧亦无變異相又問云何是衆生
相荅言假名字畢竟離是衆生相如是相則无
變異若衆生與菩提異是爲變異如菩提相
衆生亦尒故无變異菩提不可以餘道得但
以我平等故菩提平等衆生性无我故如是可
得菩提是故菩提无有變異所以者何如虛
空无變異相一切諸法亦无變異相
尒時思益梵天謂文殊師利如來是實語
者能説如是法文殊師利言如來於法无所

者能說如是法文殊師利言如來於法无所
說何以故如來尚不得諸法何況說思益言如
來豈不說諸法是世間是出世間是有爲是
无爲耶文殊師利言於汝意云何是虛空可
說可分別不思益言不也文殊師利言今說
虛空名字以所說故有生有滅耶思益言不
也文殊師利言如來說法亦復如是不以說故
諸法有生有滅如此說法是不可說相亦以此
法有所教誨是无所教誨所以者何如說法
性不說法性亦如是是故說一切法性住於如
中如亦无所住
尒時釋梵四天王俱在會中即以天華散於
佛上而作是言世尊若善男子善女人聞文

[illegible]能壞破一
切邪見妄想世尊若善男子善女人聞是
法不驚不怖當知是人不從小功德來若是
經所在之處當知此處則為諸佛擁護受用
若聞是經處當知此處轉於法輪是經在所
住處聚落村邑山林曠野塔寺僧坊經行之
處諸魔外道貪著之人不能侵嬈世尊若
人多供養過去諸佛乃能得聞如是經典世
尊我等於此經中得智慧光明而不能得報
佛及文殊師利思益梵天之恩世尊我等所從
聞經於是法師生世尊想我等常當隨侍說
是法者此善男子常為諸天之所擁護若人
書寫是經讀誦解說持无量諸天為聽法
故來至其所

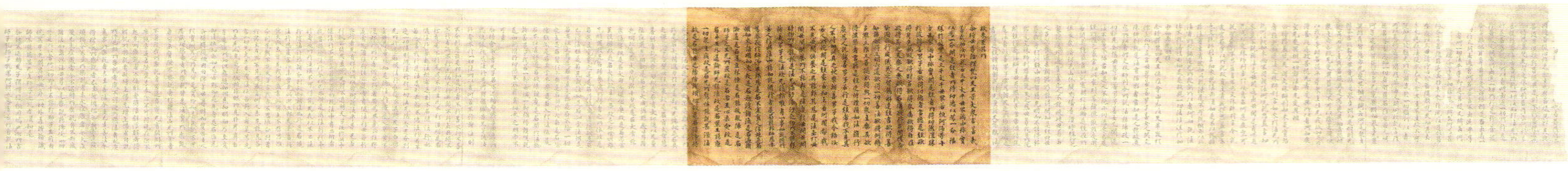

故來至其所
尒時世尊語釋梵四天王等大衆言善哉
善哉如汝所說若三千大千世界滿中珍寶
以為一分聞是經者所得功德以為一分福
勝於彼置是三千大千世界若恒河沙等十
方世界滿中珍寶聞是經者所得功德復勝
於彼諸善男子若欲得功德者當聽是經欲
得身色端政欲得財富欲得眷屬欲得自在
欲得具足天樂人樂欲得名稱欲得多聞憶念
堅固正行威儀戒定智慧解達經書欲得善
知識欲得三明六通欲得一切善法欲得阿耨
多羅三藐三菩提欲得與一切衆生樂具欲
得涅槃者當聽是經受持讀誦如法修行

若人所從聞是經處若和上若阿闍梨我
不見世間供養之具能報其恩是法出於世
間世間供養所不能報是法度於世間世間
財物所不能報是法无染汙染汙之物所不能報
諸善男子是法餘无能報唯有一事如説脩行
若人於此法中能如説脩行者是名能報師恩亦
爲恭敬於師淨畢報恩是名不虛食人信施是名
順如来語順如来教是名越渡諸流是名過諸
險道是名建立勝幢是名能破敵陣是名
師子之王无所畏故是名象王心柔爽故是
名牛王外道論師无能壞故是名醫王能療
一切衆生病故是名无所驚怖能説甚深法
故是名能具足捨捨諸煩惱故是名清淨持

故是名能具足捨捨諸煩惱故是名清淨持
戒究盡善法故是名得大忍辱離我我所
故是名大精進力於无量劫心无惓故是名具
足禪定常念繫心住一處故是名有大智慧
善解言說諸章句故是名有大功德以无量
福莊嚴身相故是名有大威德能蔽日月諸
光明故是名大力持佛十力故是名大雲能
震法雷故是名大雨滅煩惱塵故是名為舍
至涅槃故是名大救救生死畏故是名燈明離
无明闇故是名歸趣魔所怖者之所依故是
名衆生究竟之道是名得位坐道場故是名
已得法眼是名見諸法如是名知空法相是
名安住大悲是名安立大慈是名不捨一切

[illegible]
名安住道場是名破壞諸魔是名轉於法輪
諸善男子我若一劫若減一劫稱揚讚歎説
是如説脩行功德不能窮盡如來之辯亦不
可盡
尒時會中有天子名不退轉白佛言世尊所
説隨法行隨法行爲何謂邪佛告天子隨法
行者不行一切法所以者何若不行諸法則
不分別是正是邪如是行者不行善不行不善
不行有漏不行无漏不行世間不行出世間不
行有爲不行无爲不行生死不行涅槃是名
隨法行若趣法相者是則不名隨法行也
若念言我行是法是則戲論不隨法行若不
受一切法則隨法行於一切法无憶念无分別

受一切法則隨法行於一切法无憶念无分別
无所行是名隨法行尒時不退轉天子白佛
言世尊若能如是隨法行者是人畢竟不
復邪行所以者何正行者名爲畢竟正住邪
道者无隨法行住正道者有隨法行世尊行
正行者无有邪法所以者何諸法平等无差
別故尒時思益梵天謂不退轉天子汝於此中
隨法行不荅言若世尊所說法中有二相者
我當行隨法行今以无二相是隨法行於中
行者及所行法俱不可得梵天我以不二法
行隨法行離諸分別故如諸法而行是名隨
法行思益言汝未曾見此佛土邪天子言此
佛土亦未曾見我思益言此佛土不能思惟

言一切凡夫未見聖法位若能入者是爲先
所未見而見是法位相非眼所見非耳鼻舌
身意識所知但應隨如相見如眼如乃至意
如法位如亦如是若能如是見者是名正見
尒時釋提桓因白佛言世尊譬如賈客主人
於寶洲其人所見皆是寶物如是成就不可
思議功德者有所樂説皆是法寶所樂説
者皆示實際不樂説者於諸法中无所貪著
不著彼我所樂説者皆是真實无有顛倒所
樂説者過去際空未來際不可得現在際不
起見所樂説者不信解者得信解信解者得
解脫所樂説者破增上慢无增上慢者自説
所作已辦所樂説者魔不得便所聽法者超度

所作已辦所樂說者魔不得便所聽法者超度
魔事所樂說者未生善法令生已生善法令
得增長所樂說者已生諸煩惱令斷未生諸
煩惱令不生所樂說者未大莊嚴者令大莊
嚴已大莊嚴者令不退轉所樂說者不斷滅
諸法而護佛法世尊以是樂說能降伏一切
外道所以者何一切野干不能於師子王前自
現其身況聞其吼世尊一切外道諸論議
師不能堪忍无上師子之吼亦復如是
尒時不退轉天子謂釋提桓因憍尸迦所言
師子吼師子吼爲何謂也荅言若行者說法
无所貪著是名師子吼若行者貪著所見
而有所說是野干鳴不名師子吼起諸邪見

性尸迦有所説於乃至如来尚不能著何
況餘法是名師子吼又憍尸迦如説脩行名
師子吼決定説法名師子吼説法无畏名師
子吼又憍尸迦若行者爲不生不滅不出故説法
名師子吼若爲无垢无淨无合无散故説法
名師子吼又憍尸迦師子吼名決定説一切
法无我无衆生師子吼名決定説諸法空
師子吼名守護法故而有所説師子吼若
作是願言我當作佛滅一切衆生苦惱師子
吼名於清淨所須物中少欲知足師子吼名常
能不捨阿蘭若住處師子吼名行施唱導師子
吼名不捨持戒師子吼名等心怨親師子吼名
常行精進不捨本願師子吼名能除煩惱
師子吼名以慧善知所行説是師子吼法持

師子吼名以慧善知所行說是師子吼法時
三千大千世界六種震動百千伎樂不鼓自
鳴其大光明普照天地百千諸天踊躍歡喜
言我等聞不退轉天子說師子吼法於閻浮
提再見轉法輪時佛微咲諸佛常法若微咲
時若干百千種青黃赤白紅紫等光從口中出
普照无量无邊世界上過梵世蔽日月光還
繞身三帀從頂相入於是思益梵天向佛合
掌以偈讚曰
度一切慧㝡勝尊　悉知三世衆生行
智慧功德及解脫　唯願演說咲因緣
佛慧无量无邊闊　聲聞緣覺所不及
知衆生心隨意說　願㝡上尊說咲緣

大聖寂然離瞋根　天人瞻仰无猒足
一切皆蒙得快樂　願為分別咲因緣
通達諸法空无我　水沫雲霧夢所見
水中月影虛空相　願以妙音說咲緣
離分別想諸邪見　了空无相及无作
常樂禪定寂然法　願說放此淨光緣
不著文字言音聲　說不依法及衆生
彼各自謂為我說　願神通智說咲緣
佛為醫王滅衆病　那羅延力救世者
趣舍燈明究竟道　天人供養說咲緣
尒時佛告思益梵天汝見是不退轉天子
不惟然已見梵天此不退轉天子從今已後
過三百廿万阿僧祇劫當得作佛号須弥燈

過三百廿万阿僧祇劫當得作佛号須弥燈
王如来應正遍知明行足善逝世間解无上
士調御丈夫天人師佛世尊世界名妙化劫名
梵歎其佛國土以閻浮檀金瑠璃為地純以
菩薩為僧无諸魔怨所須之物應念即至
佛壽无量不可計歲
於是思益梵天謂不退轉天子如来今已授
仁者記天子言梵天如與如法性授記與我
授記亦復如是思益言如法性不可授記天
子言如法性不可授記者當知一切菩薩授
記亦復如是思益言若如来不與汝記汝於
過去諸佛所則為空住梵行天子言若无所
住是住梵行思益言云何无住而住梵行荅

者不住人是住梵行以要言之若不住法不
住非法是住梵行又問梵行有何義荅言住
不二道是梵行義又問住不二道為住何所
荅言住不二道即是不住一切諸法所以者
何衆賢聖无所住不取於法能度諸流又問
云何為脩道荅言不隨有不隨无亦不分別
是有是无習如是者名為脩道又問以何法
脩道荅言不以見聞覺知法不以得不以證
於一切法无相无示名為脩道又問何謂菩
薩牢强精進荅言菩薩於諸法不見一相不
見異相是名菩薩牢强精進大莊嚴也於
諸法不壞法性故於諸法无著无斷无增无
減不見垢淨出過法性是名菩薩第一牢强

説法无垢[illegible]性故於説法无著无垢无垢无
滅不見垢淨出過法性是名菩薩第一牢強
精進所謂身无所起心无所起於是世尊讚不
退轉天子善哉善哉讚已語思益梵天言如此
天子所説身无所起心无所起是為第一牢強精
進梵天我念宿世一切所行牢強精進持戒頭
陁於諸師長供養恭敬在空閑處專精行道
讀誦多聞慈念衆生給其所須一切難行皆行
行慇懃精進而過去諸佛不見授阿耨多羅
三藐三菩提記所以者何我住身口心起精進
相故梵天我後得如天子所説牢強精進故
然燈佛授我記言汝於來世當得作佛号
釋迦牟尼是故梵天若菩薩疾欲受記應當
脩習如是牢強精進謂於諸法不起精進相
世尊何[illegible]精

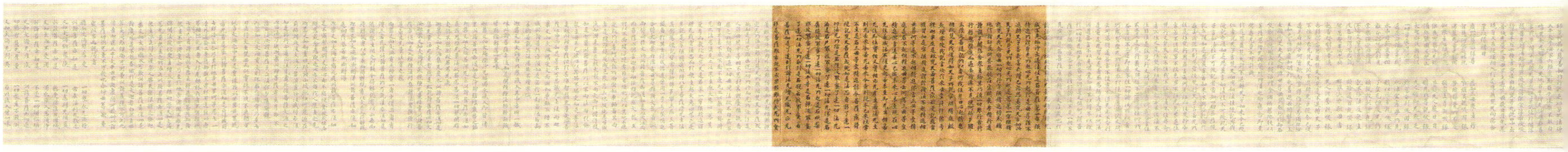

精進佛言過去心已滅未來心未至現在心
无住若滅法不復更起若未至即无生相若
无住即住實相又實相亦无有生若法无生
則无去来今若无去来今者則從本已来性常
不生是名三世等空精進能令菩薩疾得
授記梵天菩薩成就如是法忍者能了達一
切法无所捨是名檀波羅蜜了達一切法无
漏是名尸羅波羅蜜了達一切法无傷是名
羼提波羅蜜了達一切法无所起是名毗梨
耶波羅蜜了達一切法平等是名禪波羅蜜
了達一切法无所分別是名般若波羅蜜若
菩薩如是了達則於諸法无增无減无正无
邪是菩薩雖布施不求果報雖持戒无所貪

邪是菩薩雖布施不求果報雖持戒无所貪
著雖忍辱知內外空雖精進知无起相雖禪
定无所依止雖行慧无所取相梵天菩薩成
就如是法忍雖示現一切所行而无所染汙是
人得世間平等相不為利衰毀譽稱譏苦
樂之所傾動出過一切世間法故不自高不
自下不喜不慼不動不逸无二心離諸緣得
无二法為隨見二法眾生起大悲心為其
受身而教化之梵天是名第一牢強精進謂
得无我空法忍而於眾生起大悲心為之受
身說是牢強精進相時八千菩薩得无生法
忍佛為授記皆當得阿耨多羅三藐三菩
提各於異土得成佛道皆同一号号堅精進

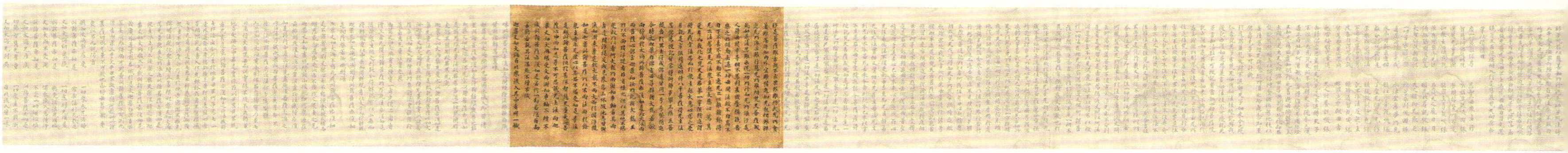

雨菩薩心佛言迦葉如汝所說諸大龍王所以不雨閻浮提者非有悋也但以其地不堪受故所以者何大龍所雨澍如車軸若其雨者是閻浮提及城邑聚落山林陂池悉皆澍流如澍棗葉是故大龍不雨大雨於閻浮提如是迦葉此諸菩薩所以不雨法雨於餘衆生者亦无悋心以其器不堪受如是等法是故此諸菩薩但於甚深智慧无量大海菩薩心中雨如是等不可思議无上法雨迦葉又如大海堪受大雨澍如車軸不增不減此諸菩薩亦復如是若於一劫若復百劫若聽若說其法湛然不增不減

迦葉又如大海百川衆流入其中者同一鹹

迦葉又如大海百川衆流入其中者同一鹹
味此諸菩薩亦復如是聞種種法種種論議
皆能信解爲一空味
迦葉又如大海澄淨无垢濁水流入即皆清
盪此諸菩薩亦復如是淨諸結恨塵勞之結
迦葉又如大海甚深无底此諸菩薩亦復如
是能思惟无量法故名爲甚深一切聲聞辟
支佛不能測故名爲无底
迦葉又如大海集无量水此諸菩薩亦復如是
集无量法无量智慧是故說諸菩薩心如大
海迦葉又如大海積聚種種无量珎寶此諸菩
薩亦復如是入種種法門集諸法寶種種行
道出生无量法寶之聚

隨諸衆生根之利鈍令得解脫有以小乘而
得解脫有以中乘而得解脫有以大乘而得解脫
迦葉又如大海漸漸轉深此諸菩薩亦復如
是向薩婆若漸漸轉深
迦葉又如大海不宿死屍此諸菩薩亦復如
是不宿聲聞辟支佛心亦不宿慳貪毀戒瞋恚
懈怠亂念愚癡之心亦不宿我人衆生之見
迦葉又如劫盡燒時諸小陂池江河泉源在
前枯竭然後大海乃當消盡正法滅時亦復
如是諸行小道正法先盡然後菩薩大海之
心正法乃滅迦葉此諸菩薩寧失身命不
捨正法汝謂菩薩失正法邪勿造斯觀
迦葉如彼大海有金剛珠名集諸寶乃至七

BD00202　思益梵天所問經（异本）卷四

迦葉如彼大海有金剛珠名集諸寶乃至七
日出時火至梵世而此寶珠不燒不失轉至
他方大海之中若是寶珠在此世界世界燒
者无有是處此諸菩薩亦復如是正法滅時
七邪法出尒乃至於他方世界何等爲七一
者外道論二者惡知識三者邪用道法四者
互相惱亂五者入邪見棘林六者不脩福德
七者无有得道此七惡出時是諸菩薩知諸
衆生不可得度尒乃至於他方佛國不離見
佛聞法教化衆生增長善根迦葉又如大海
爲无量衆生之所依止此諸菩薩亦復如是
衆生依止得三種樂人樂天樂涅槃之樂迦
葉又如大海鹹不可飲此諸菩薩亦復如是
[illegible]

佛告迦葉三千大千世界微塵猶可數知此諸
菩薩功德无量不可數世尒時世尊欲重
宣此事而說偈言
譬如大海能悉受　一切衆水无满持
此諸菩薩亦如是　常求法利无猒之
又如大海納衆流　一切悉歸无損益
此諸菩薩亦如是　聽受深法无增減
又如大海不受濁　濁水流入悉清淨
此諸菩薩亦如是　不受一切煩惱垢
又如大海无崖底　此諸菩薩亦如是
功德智慧无有量　一切衆生不能測
又如大海无別異　百川流入皆一味
此諸菩薩亦如是　聽所受法同一相
又如大海不久成　非但爲一衆生故

此諸菩薩亦如是　聽所受法同一相
又如大海所以成　非但爲一衆生故
此諸菩薩亦如是　普爲一切發道心
如海寶名集諸寶　因是寶故有衆寶
菩薩寶聚亦如是　從菩薩寶出三寶
如大海出三種寶　而此大海无分別
菩薩說法亦如是　三乘度人无彼此
又如大海漸漸深　此諸菩薩亦如是
爲衆生故脩功德　迴向甚深薩婆若
又如大海不宿屍　此諸菩薩亦如是
發清淨心菩提願　不宿聲聞煩惱心
如大海有堅牢寶　其寶名曰集諸寶
劫盡燒時終不燒　轉至他方諸佛國
[illegible]

[illegible]
三千世界欲壞時 大劫將起燒天地
百川衆流在前涸 尒乃水王於後竭
行小道者亦如是 法欲盡時在前滅
菩薩勇猛不惜身 護持正法後乃盡
若佛在世滅度後 是心中法寶不滅
深心清淨住是法 以此善法脩行道
百千衆生依止海 海成非爲一衆生
菩薩發心亦如是 爲度一切衆生故
十方世界諸大海 猶尚可得測其量
是諸菩薩所行道 聲聞緣覺不能測
迦葉當知諸菩薩 勇猛精進迴向心
願欲作佛度衆生 尚无與等何況勝
是德寶聚如大海 是可供養良福田
是爲最上大醫王 能療一切衆生病

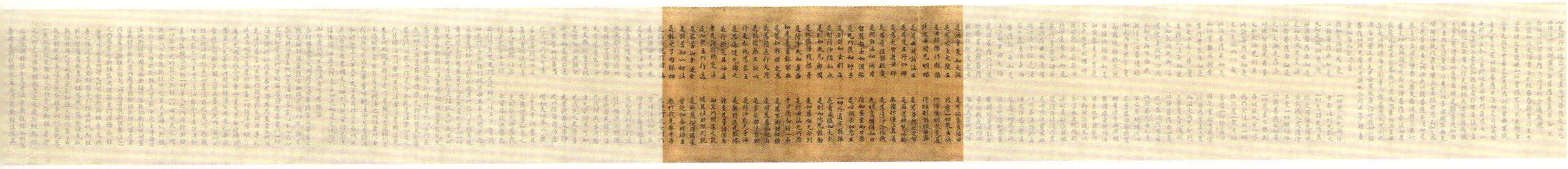

是德寶聚如大海　是可供養良福田
是爲寂上大醫王　能療一切衆生病
是世歸依作救護　洲渚燈明究竟道
能與世間无明眼　得眼則能服甘露
是爲世間諸法王　是爲帝釋決定智
是爲梵王行四禪　是名爲轉梵法輪
是爲大智道世師　示諸邪住正真道
是爲勇猛能破魔　是爲清淨除惱穢
是脩白法如滿月　光明高顯猶如日
智慧超出如須彌　猶如蜜雲雨甘露
是无所畏如師子　是心調柔如鳥王
是則辟如金剛山　一切外道不能壞
是則清淨猶如水　是有威德如大火
是則如風无罣閡　是則如地无搖動

[illegible]

是持淨戒如蓮華　是於世法无所染
如是憂曇鉢羅華　千万億劫時一出
是爲知報佛之恩　是爲不斷諸佛種
是爲精進行大悲　是用慈喜而超出
是能捨離五欲心　是常求佛法寶財
行是布施爲最上　是持淨戒无等侶
是忍辱健无儔疋　是懃精進无猒惓
是行禪定具神通　能至无量諸佛土
常見諸佛聽受法　如其所聞爲人説
是知衆生所行道　随其性欲根利鈍
是名善知方便力　是然慧燈得濟處
是能善知一切法　皆從和合因緣生
是能決了因緣相　離於我見衆平等

[illegible]

是能決了因緣相　離於我見樂平等
是能正觀於諸法　為從何来至何所
善知諸法无去来　常住法性而不動
是見有為法皆空　增益大悲濟衆生
衆生妄想起衆苦　為欲度故脩行道
凡夫分別我我所　行於種種諸邪住
是能曉了法實相　為斷諸見講說法
无常為常不淨淨　无我謂我苦為樂
凡夫顛倒貪著故　生死前際不可知
是能知此從顛倒　无我无人无衆生
我當如是脩正道　无常我樂及不淨
迦葉當知此菩薩　我所稱讚諸功德
於其所行不可盡　猶如大地舉一塵

若人發心願作佛　是則恭敬供養我
於去來今十方佛　亦皆恭敬供養已
尒時思益梵天謂文殊師利法王子當請
如來護念斯經於後末世五百歲時廣令
流布文殊師利言於汝意云何佛於是經有說
有可護念耶思益言不也梵天是故當知一切
法无說无示无有護念是法終不可滅不可
護念若欲護此法者爲欲護念虛空梵天
菩薩若欲有所受法即非法言所以者何出
過一切言論是名菩薩樂无諍訟梵天若有
菩薩於此衆中作是念今說是法當知是人
即非聽法所以者何不聽法者乃爲聽法梵
天言何故說不聽法者乃爲聽法文殊師利言

天言何故説不聽法者乃爲聽法文殊師利言
不徧眼耳鼻舌身意是聽法也所以者何若
於内六入不徧色聲香味觸法中乃爲聽法
尒時會中三万二千天子五百比丘三百比丘
尼八百優婆塞聞文殊師利所説皆得无生
法忍得法忍已作是言如是如是文殊師利
如仁者所説不聽法者乃爲聽法
尒時思益梵天問得忍諸菩薩言汝等豈不
聽是經耶諸菩薩言如我等聽以不聽爲
聽又問汝等云何知是法耶荅言以不知爲知
又問汝等得何等故名爲得忍荅言以一切
法不可得故我等名爲得忍思益言云何隨
是法行荅言以不隨行故隨行又問汝等於

思益梵天若有但聞此經佛不與受記者我
當授其阿耨多羅三藐三菩提記所以者何此
經不破因果能生一切善法能破魔怨離諸
憎愛能令衆生心得清淨能令信者皆得歡
喜除諸瞋恨斯經一切善人之所脩行斯經
一切諸佛之所護念斯經一切世間天人阿
脩羅所共守護斯經決定至不退轉故斯經
不誑至道場故斯經真實能令衆生得諸佛
法故斯經能轉法輪斯經能除疑悔斯經能開聖
道斯經求解脫者所應善聽斯經欲得陁羅尼者
所應善持斯經求福之人所應善説斯經樂法之
人所應善念斯經能與快樂至於涅槃斯經
若魔外道有所得人所不能斷斯經應受供

若魔外道有所得人所不能斷斯經應受供
養人能隨其義斯經能令利根者欣悅斯經
能令智慧者歡喜斯經能與人慧離諸見故
斯經能與人智破愚癡故斯經文辭次第善
説斯經究竟善隨義説斯經多所利益説第
一義故斯經受樂法人之所貪惜斯經 有智
之人所不能離斯經施者之大藏斯經熱惱
之涼池斯經能令慈者心等斯經能令懈怠
者精進斯經能令妄念得定斯經能與愚
者慧明梵天斯經一切諸佛之所貴重淨相天
子説是法時三千大千世界皆大震動佛即
讚言善哉善哉天子如汝所説尒時思益梵天
白佛言世尊是天子曾於過去諸佛所聞是

國名多寶於其中間有諸佛出皆得供養
亦聞是經梵天是諸比丘比丘尼優婆塞優婆
夷諸天鬼神在此會中得法忍者皆當得
生多寶國土
尒時淨相天子白佛言世尊我不求菩提
不願菩提不貪菩提不樂菩提不念不分
別菩提云何如來見授記耶佛告天子如以草
木莖節枝葉投於火中而語之言汝等莫然
汝等莫然若以是語而不然者无有是處天子
菩薩亦如是雖不喜樂貪著菩提當知是人
已為一切諸佛所記所以者何若菩薩不喜
不樂不貪不著不得菩提則於諸佛必得受
阿耨多羅三藐三菩提記尒時會中有五百

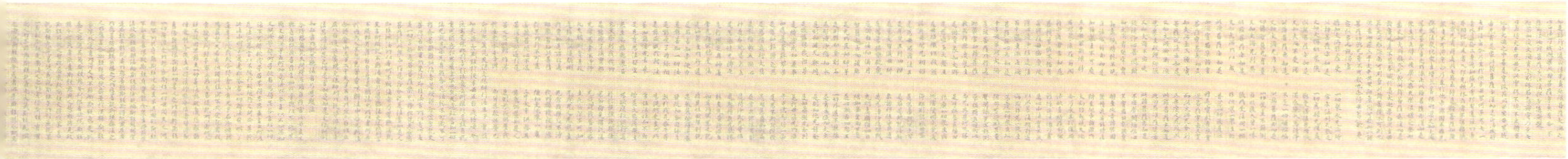

阿耨多羅三藐三菩提記尒時會中有五百
菩薩白佛言世尊我等今不求菩提不願菩
提不喜樂菩提不貪著菩提不思念菩提
不分別菩提作是語已以佛神力即見上方八
万四千諸佛授其阿耨多羅三藐三菩提記
尒時五百菩薩白佛言未曾有也世尊如來
所説甚善快哉所謂菩薩不求不願不貪不
喜不得菩提而諸佛授記世尊我等今見上
方八万四千諸佛諸佛皆與我等授阿耨多
羅三藐三菩提記
尒時文殊師利白佛言唯願世尊護念是經
於當來世後五百歲廣宣流布此閻浮提令
得久住又令大莊嚴善男子善女人咸得聞

三藐三菩提尒時佛告文殊師利如是如是
汝今善聽欲令此經久住故當爲汝說呪諸天
龍夜叉乾闥婆鳩槃茶等呪術若法師誦
持此呪則能致諸天龍夜叉乾闥婆阿脩羅迦
樓羅緊那羅摩睺羅伽等常隨護念法師若
行道路若失道時若在聚落若在空閑若
僧坊若在宴室若經行處若在衆會是諸神
等常當隨侍衛護益其樂說辯才又復爲作堅
固憶念慧力因緣无有怨賊得其便者使是法師
行立坐臥一心安詳文殊師利何等爲呪術章句
贊頭[糸余] 頭頭[糸余] 摩[糸余] 遮[糸余] 魔[糸余] 梯[糸余] 緹[糸余]
弥[糸余] 睺樓 睺樓 堙婆[糸余] 專多[糸余] 趐丘[糸余]
阿那祢 伽帝 摩醯履 摩那徙 摩祢 婆睺乾地

阿那祢　伽帝　摩醯履　摩那從　摩祢　婆睺乹地
薩波摟帝　羅婆波伽帝　章頭鵌
南无佛馱遮梨帝鵌　南无達摩楻伽祢　南无僧伽
和醯陁　和醯陁　毗婆肩陁祢　薩婆波彼祢麗帝
鵌　祢浮　提瘦　薩遮湼提舍　梵嵐摩彼舍多
芀梨師辮波舍多　阿哆羅提詑計提薩婆浮多伽
羅呵　手索及　南无佛馱　憲纏　闍曇哆羅
文殊師利是為呪術章句若菩薩摩訶薩欲
行此經者當誦持是呪術章句應一心行不
調戲不散亂舉動進止悉令淨潔不畜餘
食少欲知足獨處遠離不樂憒内身心遠離
常樂慈悲以法喜樂安住實語不欺誑人
貴於坐禪樂欲說法行於正念常離邪念常

[illegible]

一切物无有貪惜威儀成就常樂持戒忍辱
調柔惡言能忍顏色和悅无惡姿容先意問
訊除去憍慢同心歡喜文殊師利此諸法師任
如是法誦是呪術即於現世得十種力何等
為十得念力不忘失故得慧力善擇法故得
行力隨經意故得堅固力行生死故得慚愧
力護彼我故得多聞力具足慧故得陀羅尼
力一切聞能持故得樂說辯力諸佛護念故得
深法力具五神通故得无生忍力速得具
足薩婆若故
文殊師利若法師能任是行誦持呪術現世
得是十力佛說是呪術力時四天王驚怖毛
竪與无量鬼神眷屬圍繞前詣佛所頭面礼

[illegible]

竪與无量鬼神眷屬圍繞前詣佛所頭面礼
足白佛言世尊我是四天王得須陁洹道順佛
教者我等各當率諸親屬營從人民衛護法
師若善男子善女人護念法者能持如是等經
讀誦解說我等四天王常住衛護是人所在之
處若城邑聚落若空閑靜處若在家若出
家我等及眷屬常當隨侍供給令心安隱无有
猒惓亦使一切无能嬈者世尊又是經所在
之處面五十里若天天子若龍龍子若夜
叉夜叉子若鳩槃荼鳩槃荼子等不能得便
尒時毗流勒迦護世天王即說偈言
我所有眷屬　親戚及人民　皆當共衛護　供養是法師
尒時毗流婆叉天王即說偈言
□□□□□　□悲一切生　□□是佛子　我等當共給

尒時[illegible]天王即說偈言
若有諸法師　能持如是經　我當常衛護　周遍於十方
尒時毗睒婆耶天王即說偈言
是人發道心　所應受供養　一切諸衆生　无能辨之者
尒時毗睒婆耶天王子名曰善寶持七寶蓋
奉上如來即說偈言
世尊我今當　受持如是經　亦爲他人說　我有如是心
世尊知我心　及先世所行　從初所發意　至誠求佛道
世尊无見頂　今奉此妙蓋　願我得如是　无見之頂相
我以愛敬心　瞻仰於世尊　願成清淨眼　得見彌勒佛
度智慧世尊　即時以偈荅　汝於此命終　即生兜術天
從兜術下生　得見彌勒佛　二万歲供養　尒乃行出家
既得出家已　淨脩於梵行　賢劫中諸佛　一切悉得見
亦皆供養之　於彼脩梵行　過六十億劫　汝當得成佛
号名爲寶蓋　國土甚嚴淨　唯有菩薩僧　爲讚說妙法

号名為寶蓋　國土甚嚴淨　唯有菩薩僧　為講說妙法
壽命盡一劫　若滅度已後　正法住半劫　利益諸衆生
尒時釋提桓因與无數百千諸天圍繞白佛言
世尊我等今亦當衛護能持如是比經諸法
師等供養供給是經所在之處若讀誦解說
我為聽受法故往詣其所又當增益法師氣
力法句次第令不漏失
尒時釋提桓因子名曰劬婆伽持真珠蓋七
寶莊嚴奉上如來即說偈言
我常覩子知　世尊之所行　亦當如是行　求佛一切智
世尊於前世　无物不施與　我當隨此行　亦捨諸所有
我今法王前　受持如是經　當數為人說　以報如來恩
若愛念是經　是即與我同　我當供養之　為得菩提故
[illegible]　我當護是經

[illegible] 彼佛如世尊
佛通達智慧 即時與受記 汝後當作佛 如我今无異
過於万億劫 又復過百億 尒乃得成佛 号日為智生
尒時娑婆世界主梵天王白佛言
世尊我捨禪定樂往詣法師若善男子善女
人能說是法者所以者何從如是等經出帝釋
梵天王諸豪尊等世尊我當供養是諸善
男子是諸善男子應受一切世間天人阿脩
羅之供養
尒時妙梵天子即說偈言
比丘比丘尼 諸清信士女 其能受此經 是世供養處
乃至有一人 能行是經者 我要當為之 演說如是法
敷衆妙華坐 高至于梵天 於此坐上坐 演說如是經
若於惡世中 所從聞是經 應發希有心 踊躍稱善哉
[illegible]

若於惡世中　所從聞是經　應發希有心　踊躍稱善哉
若无量世界　大火悉充滿　要當從中過　往聽如是經
能聞佛道經　若欲得聞者　積寶如須弥　應盡供是人
尒時世尊現神通力令魔波旬及其軍衆來
詣佛所而作是言世尊我與眷屬令於佛前
立此誓願是經所流布處若說法者及聽法
者并彼國土不起魔事亦當擁護是經尒時
世尊放金色光照此世界告文殊師利言如來
令護念是經利益諸法師故是經在閻浮提
隨其歲數佛法不滅尒時會中衆生以一切華
一切香一切末香而散佛上作是言世尊願使
是經經久住閻浮提廣宣流布於是佛告
阿難汝受持是經不阿難言唯然受持阿難
我今以是經屬累於汝受持讀誦為人廣說

阿難白佛言世尊若人受持是經讀誦解說
得幾所功德佛告阿難隨是經所有文字章句
之數盡壽以一切樂具供養尒所諸佛及僧
若人乃至供養是經恭敬尊重讚歎其福為
勝是人現世得十德之藏何等為十見佛藏
得天眼故聽法藏得天耳故見僧藏得不退
轉菩薩僧故无盡財藏得寶手故色身藏
具卅二相故眷屬藏得不可壞眷屬故所未
聞法藏得陁羅尼故憶念藏得樂說辯故
无所畏藏破壞一切外道論故福德藏利益
衆生故智慧藏得一切諸佛法故佛說是經
時七十二那由他衆生得无生法忍无量衆生
發阿耨多羅三藐三菩提心无數衆生不受諸
法漏盡心得解脫尒時阿難即從坐起偏袒
右肩右膝著地合掌白佛言世尊當何名斯經

BD00202　思益梵天所問經（异本）卷四

法論盡心得解脫尒特阿難即從坐起偏袒
右肩頭面礼足白佛言世尊當何名此經云
何奉持佛告阿難此經名爲攝一切法亦名
莊嚴諸佛法又名思益梵天所問又名文殊
師利論議當奉持之佛說是經已文殊師利
法王子及思益梵天等行菩薩長老摩訶
迦葉慧命阿難及諸天衆一切世人受持佛語皆
大歡喜

思益經卷第四

圖書在版編目（CIP）數據

中國國家圖書館藏敦煌文獻．第一五册 / 中國國家圖書館編．—北京：國家圖書館出版社，2023.12

ISBN 978-7-5013-7890-6

Ⅰ．①中… Ⅱ．①中… Ⅲ．①敦煌學－文獻 Ⅳ．① K870.6

中國國家版本館 CIP 數據核字（2023）第 217342 號

書　　名	中國國家圖書館藏敦煌文獻·第一五册
著　　者	中國國家圖書館　編
項目統籌	魏　崇　殷夢霞
責任編輯	潘　竹　程魯潔　黄　鑫　苗文葉
責任校對	劉宇石　王　衡
出版發行	國家圖書館出版社（北京市西城區文津街 7 號　100034） （原書目文獻出版社　北京圖書館出版社） 010-66114536　63802249　nlcpress@nlc.cn（郵購）
網　　址	http://www. nlcpress. com
排版印裝	天津裕同印刷有限公司
版次印次	2023 年 12 月第 1 版　2023 年 12 月第 1 次印刷
開　　本	787 × 1092　1/8
印　　張	41.5
書　　號	ISBN 978-7-5013-7890-6
定　　價	2800.00 圓